エンジェルフライト　国際霊柩送還士

目次

エンジェルフライト 国際霊柩送還士

遺体ビジネス

深夜の羽田《はねだ》空港国際線貨物ターミナルは閑散として人影がない。シャッターの下りた倉庫が長く連なり、あとはだだっ広い駐車場と空き地が続いている。

エアハース・インターナショナル株式会社の社長木村利恵《きむらりえ》は、ジャンパーを羽織って、足早に遺体の処置車へ急いでいた。ターミナルに駐車してある処置車には、東アジアから到着したばかりの柩《ひつぎ》が乗っている。

海外から搬送される遺体は、航空機内の気圧の影響で、九〇パーセント以上が体液漏れを起こす。遺体は車内で必要な処置をされてから、家族のもとへ送り届けられるのだ。

利恵は処置車に乗りこむと、柩のそばで待機していた若い社員に声をかけた。

「慎太郎《しんたろう》、はじめよう」

青白い明かりの中で、入社一年目の川﨑《かわさき》慎太郎が、「はい」と返事をし、柩の蓋《ふた》を外しにかかった。ドライバー兼アシスタントの古箭厚志《ふるやあつし》は道具の準備を進める。梱包《こんぽう》を解いて柩の蓋を開けると、鉄板で封がしてある。ビスを一本一本、専用の工具で抜き、それをはがす。

「この瞬間が最も緊張する」、と社員は口を揃《そろ》える。中がどうなっているかは、開けてみるまでわからない。外国からの遺体は、時として常識では考えられないような形で戻ってくるのだ。

蓋を開けたとたんに、強烈な腐敗臭がたちのぼる。魚やネギが腐ったような臭《にお》いに、こみあげてくる胃液の甘酸っぱさが入り混じる。臭いに敏感な者は反射的に何度かもどしそうになる。換気扇が回っていても、臭気は主に繊維、――髪や衣類、そして鼻毛にまとわりつき、呼吸をするたびに鼻の奥へ容赦なく入りこんでくる。だが、不思議なことに彼らから臭いの話を聞くことはほとんどない。記憶から飛んでしまうのだ。「脳が臭いを無視する」と利恵は表現する。腐敗臭は前兆だ。彼らはその原因となっている事態の深刻さに身を硬くするのだ。

「なんで……」

三人は見たこともない光景に絶句した。

利恵は頭に血がのぼるのを感じた。

「ご遺体は金もうけの道具じゃない。どうして、できる限りのことをして送り出そうとしないんだろう」

柩には現地で交通事故に遭った日本人男性が裸のまま横たわっていた。外国から戻ってくる遺体には、エンバーミング（防腐処理）が施されているのが一般的だ。亡くなった人の動脈に管を入れて防腐剤を注入することにより、遺体を生前と変わらぬ外見に保つのである。しかし、男性の肌は酸化による変色で灰緑色になり、頭部の解剖痕《あと》はホチキスで何カ所か留められているだけで、縫合されていない。切り口からは血液と防腐液が流れ出て、幾筋にも肌にしみを作っていた。

何より利恵の胸を締めつけたのは、柩の中に詰められていたものだ。染みでた体液を吸収させるつもりなのか、遺体とともに入っていたのは五〇ロールほどのトイレットペーパーだった。質の悪い紙は体液で赤茶色に染まりふやけている。利恵は長い間遺体の搬送をしているが、梱包材代わりにトイレットペーパーが詰められた柩を見たことがない。誰がこんな姿で日本に帰りたいと思うだろう。

利恵の表情に苦いものが混じる。彼女は思わず手首で目頭をぬぐった。

「お父《とう》さん、大変だったね。つらかったね」

この人が死後に何をされたのかを想像して、利恵はやるせない気持ちになった。

家族が亡くなったというだけで遺族にはショックが大きい。さらに亡くなった人の尊厳を踏みにじるような搬送によって、遺族は変わり果てた遺体と対面することになる。

しかし、遺族にはひどいことをされたという自覚がない。外国から戻ってくる遺体はまだ少ないので、比較することができないのだ。どんなに腐敗が進んでいても、長時間の搬送でこうなるのだろうと思ってしまう。それどころか、遺体が日本に戻ってくるだけでもありがたいと、時には悪質な業者に、感謝の念を抱くことすらあるという。

　同じ時期に、この地域からずさんな処置をされた日本人の遺体がもう一体戻っている。そこで搬送の履歴をたどると、どうやら同じ業者が絡んでいるらしい。その街ではたちの悪い連中が救急病院を徘徊《はいかい》しており、死者が出ると、有無を言わせず知り合いの葬儀社に運んでしまうという。一度手元に置いてしまえば、高額の遺体保管料金が発生する。彼らはいわゆる「遺体ブローカー」なのだ。遺族に業者の優劣などわかるはずがない。これから遺体にどんなことをされるか（あるいはされないままで放《ほう》っておかれるか）事情を知らないまま、遺族はエンバーミングを委託してしまうのである。この業者は何人かのエンバーマーを抱えており、最も安いエンバーマーに処置をさせる。それがあまりにずさんだった。エンバーミングに国際的なライセンスはない。だから技術を担保するものがなにもないのだ。

　外国であること、人の目から隠される「死」であること。二重の死角が、「遺体ビジネス」を生む。誰かが声を上げなければ、不正とすらわからず、同じような目に遭う人が増える。

　利恵と慎太郎が柩から遺体を出そうとすると、耳や鼻、口からも、血と防腐液の混ざった体液がだらだらと流れ出して、柩の中にこぼれ落ちた。

「なんで、こんな状態に……」

慎太郎は呆然とした。アメリカなどエンバーミング先進国から戻った遺体なら、こんな状態になることはあり得ない。利恵は慎太郎に指示を出す。

「とにかく血を止めないと」

「はい」

慎太郎は小さく返事をすると、体液を根気よくぬぐいはじめた。遺体の口に脱脂綿を入れて、たまっている体液を吸わせる。すると脱脂綿はぐっしょりと濡れた。それを引きずり出して、新しいものを入れる。気の遠くなる作業だった。その間も、体液は体中からじわじわと漏れ出ている。

詰め物になっていたトイレットペーパーで流れ出す体液をふき取る。しかし、何ロール使ってもぬぐいきれなかった。とうとう柩に詰めてあった五〇ロールすべてを使いはたしてしまった。薄手の手術用ゴム手袋が汗でびっしょりと湿る。真冬にもかかわらず額からも汗がにじみ出た。

二時間が過ぎた頃だろうか。利恵が慎太郎に声をかけた。

「ほら、お父さんのごきげんがよくなってきたよ」

「はい」

慎太郎は遺体の顔を見た。確かに、その人の顔が穏やかになったように感じた。

脱脂綿をピンセットで鼻の中へ入れ、取り出す。慎太郎は何度もそれを繰り返した。やがて指先に感じていた水分の重みが消え、体液漏れはようやく止まった。

亡くなった人の苦しみが終わった。そう思える瞬間があった。ふたりは、ほっと息を吐く。利恵も慎太郎も救われたような気持ちになった。

「慎太郎、ほら。お父さんが、ありがとうって言ってるよ」

それを聞いた慎太郎の目が思わずうるむ。

「……はい」

〈ありがとう〉

確かに慎太郎の耳にもそう聞こえた。

肌をきれいに拭《ふ》くと、傷口を修復剤で丁寧に塞いでいく。そして傷口と肌の色が合うように注意深く色を選び化粧を施した。たとえ、着物で隠れてしまう部分も、肌色の絆《ばん》創膏《そうこう》を貼《は》って、きちんと「手当て」を施す。そうしなければ遺族が着物の中を見たら、我がことのように「痛い」と感じ、心に癒《い》えることのない傷を作るだろう。それは亡くなった人にとっても、どれほどつらく苦しいことだろうと利恵は思うのだ。

空港で「じゃあ、行ってくる」と言って笑った時の顔で、家族のもとへ帰してあげたい。まるで異国ではぐれてしまった魂を呼び寄せるように、慎太郎は遺体の顔をじっと見つめると、自分の顔を寄せて、筆を動かした。

耳の中、鼻筋、あごの下など、細部も色を均《なら》していかなければ化粧は浮いてしまう。角の尖《とが》った四角いスポンジで注意深くファンデーションを載せていく。肌の色がみるみる明るくなり、血色が戻ってくる。

間もなくその人が体に戻ってきたと思える時が訪れる。その場にいる全員がその時を待っていた。彼らは作業に集中し、何も言わない。だが、一心不乱の後ろ姿が〈おかえりなさい〉と言っている。やがて遺体の表情に「生気」が戻る。慎太郎の顔から険しさが抜けていった。

その様子を見て古箭は折りたたまれていた白装束《しろしようぞく》を広げた。慎太郎と古箭で遺体をそこに乗せると、着物の袖に遺体の腕を通し襟を合わせる。

利恵は、亡き人の手をその人の胸の前に持ってくると、指を組ませて白い数珠《じゆず》を持たせた。

故人は一家の長だ。威厳ある姿のままで家族のもとへと帰りたかったろう、と利恵は言う。亡き人は穏やかな表情でほんの少し笑みを浮かべていた。じっとそれを見つめると、利恵は長旅をねぎらうように、ぽつりと語りかけた。

「よかったね。お父さん、これで娘さんたちに会えるよ。素敵になった」

利恵は慎太郎と古箭に目で合図する。ふたりが白い布団の敷かれた棺《ひつぎ》にその人を納めると、利恵は微笑みかけながら、故人の髪を繊細な手つきで直していった。

柩の蓋を閉める。利恵はその小窓を開け、亡き人の表情を再度見つめた。きちんと納まっていることを確認すると、その窓に付いている小さな房飾りの乱れを一本一本、丁寧に直し、静かにその窓を閉めた。

次の日の朝、慎太郎は柩を車に乗せて故人の家へ向かった。そして待ち構えていた葬儀社に手伝ってもらいながら、柩を中へ運びこんだ。

葬儀社は柩の中の遺体を眺めながら、訳知り顔で遺族に言った。

「ああ、解剖痕がありますねえ。私たちは警察から指定を受けているんで、こういう処置もできますよ。もう一度やりなおしましょうか？」

慎太郎は内心、「またか」と思った。腹の底から怒りがこみあげてくる。

ここにも「ビジネス」が存在する。「もう一度やりなおしましょう」というのは葬儀料金の上乗せになる。処置をやりなおせば一〇万円から一五万円というところだろうか。

営業マニュアルを持つ葬儀社は一通りのメニューを遺族に勧めるのだ。

海外から帰ってきた遺体だからと、エンバーミングをした体にまたエンバーミングをしようと言う業者がいる。防腐処理した体を「湯灌《ゆかん》しましょう」と勧める業者もいた。

再エンバーミングの意味を遺族は知らない。再び防腐処理をするということは、亡くなった人の皮膚をもう一度切って、管を挿入するということである。すぐに火葬してしまうのに、なぜ再エンバーミングをする必要があるのだろう。

エンバーミングした遺体を湯灌するのもやってはいけないことだ。湯につけるということは、遺体に入っている薬剤の効力を薄めることである。防腐剤にはホルマリンなど揮発性の薬剤が含まれている。エンバーミングはその揮発作用により遺体を乾燥させ腐敗を止めているのである。湯につければ水分を含んだ遺体に雑菌が繁殖して、変質が始まってしまうのだ。

海外からエンバーミングされて帰ってきた遺体の扱いについて、葬儀社にも遺族にも知識がなかった。慎太郎は遺族にアドバイスすることはできる。だが、遺族が再び処置をやりなおすと言えば、それ以上の意見は言えなかった。遺族の自由な意思にまかせるしかない。

慎太郎が黙って下を向いていると、遺族は隣へ来てこう言った。

「きれいになっています……。きっと、喜んでくれていると思います」

現地で本人確認を行った妻は、どんな傷痕だったかを知っている。手の施しようがないと絶望したはずだ。妻の隣で、娘も懸命に涙をこらえている。それに気づいた慎太郎は娘にこう声をかけた。

「お母様《かあさま》が現地に行っている間は、ひとりでお留守番大変でしたね」

すると、それまで気丈にふるまっていた娘が、表情を崩して大きな声で泣きだし、言葉もなくうなずくと慎太郎に頭を下げた。

利恵は慎太郎の報告をエアハースの事務所で受けた。

「ご遺族……喜んでました。すごく、喜んでました」

慎太郎の声がうわずるのを利恵は電話口で聞いていた。後日利恵は現地に飛び、遺体の帰ってきた状況を日本大使館に通報している。


遺体は訴えることができない。何かを伝えたくても言葉を持たない。

しかも国境を越える遺体は、どんな扱いをされようと遺族の目が届きにくい。そんな状況に、死を語ることを極端に避ける日本人の国民性が加わり、国境を越えた遺体搬送の現場を「未開」とも言うべき混沌《こんとん》とした状態にしているのだ。信頼できる人のアドバイスをもらえた遺族は幸運だが、たまたま悪質な業者の手にかかったら、いったい何が正常なのか判断できないまま、不当な扱いを受けることになる。

ビジネスになるのは遺体搬送だけではない。遺体の一部がビジネスにされてしまったのではないかと思うケースもある。

利恵は、南米の同じ地域から戻ってきた二体の遺体を扱っている。一体目は会社設立の一〇年前、もう一体は今から四年前だ。

遺体は貨物扱いで戻ってくるため、重さを量ってから飛行機に乗せる。成人男性の体重であれば、六〇キロから八〇キロはあるはずだ。ところが二体とも平均よりはるかに軽い三〇キロ台だった。長く患っていた老人であれば、それぐらいの重量であっても納得できる。しかし故人は二人ともまだ若かった。病気だったとはいえ軽すぎる。

柩を開けて、遺体を一目見るなり、利恵は異常な状態に気付いた。遺体の腹部が奇妙に凹《へこ》んでいるのだ。それはまるで空気を抜いたビーチボールのようだった。毎日のように人間の体を見ている彼らには、遺体の腹部に臓器が入っていないことはすぐにわかる。通常なら解剖痕は胸部から腹部にかけて縦に入っている。だが、その遺体には縦の解剖痕のほかに真横にも切り開いた痕があった。体に縦横に走る十字の大きな縫い痕が、亡くなった人の身に尋常ではない事態が起きたことを告げていた。

関係者に事情を聞いてみると、いずれも日本国内の同じ病院の紹介で、臓器移植のために海外へ渡った人であるという。しかし病院に問い合わせをすると、激しい剣幕で、

「自分たちは病院を紹介しただけで、何の関係もない」と怒鳴る。

四年前のケースでは、子どもがひとりだけ遺され、他に身内はいなかった。

現地警察は動いていない。領事も現地で遺体の確認をし、特に問題なく帰ってきている。腐りやすい臓器を抜くことがエンバーミングのひとつの手法であると言われれば、反証の手立てはない。しかし、こんな遺体はあとにも先にもこの二体きりだ。

この遺体はいったい何を意味するのだろう。そう考えると、ある憶測が利恵たちを震《しん》

撼《かん》させる。一縷《いちる》の望みをかけて、臓器を移植してもらうつもりで海外へ出かけた人たちは、逆に誰かに自分の臓器を提供した形になったのではないか。

知らないうちに抜かれたのか、いや、ひょっとしたらこうなって帰ってくることを本人は知っていたのか。

憶測は憶測に過ぎない。何しろ肝心の中身はなくなっている。

「もし遺族が成人だったら、きちんと遺体の状態について伝えただろうね」と利恵は言う。だが、遺された肉親はたったひとり、中学生の女の子だった。彼が、この子のために命を懸けたことは間違いない。もし、亡くなった人が生きていたら、子どもにどんな風に会いたいだろう。

利恵は腹部にさらしを巻いて体形を整えていった。いつもは生前の姿に戻すことを当然の使命と考えている利恵だったが、その時ばかりは迷いが消えなかった。処置の途中で、スタッフたちは、その人に入れ墨があることに気付いた。やはり何か、事情がありそうだ。

〈美しく処置することで、何かを覆い隠してしまうのではないか〉

利恵は今でも、その遺体を忘れられずにいる。

「彼の無念を、あの時、私はどうしたらよかったんだろうね……」

現場でスタッフたちは、他人の人生を背負ってしまうことがある。懸命に処置をすればするほど、その人に思い入れを持つが、処置が終わってしまえば、そこで彼らの気持ちは行き場を失う。故人がどんな事情を背負っていたのか、利恵は今も知らないままだ。

日本は先進国だと言われている。この国には悪質な業者などいないはずだと信じたい。だが、誰も語らないところには歪《ゆが》みが生じてしまうものだ。

猛暑だったある日、こんなトラブルがあった。中国から来た団体旅行客のうち、ひとりの男性が新宿のホテルで突然嘔吐《おうと》し、そのまま意識を失った。病院に搬送されたが、男性は死亡し、都内にある監察医務院で行政解剖されることになった。海外旅行では、疲労と緊張も重なって突然死することは珍しくない。

その後、A葬儀社が遺体を引き取っていき、遺族にはその葬儀社から遺体を保管している旨の電話があった。しかし、なぜA葬儀社が選ばれて、そこに遺体があるのか、遺族にも添乗員にも理由がわからなかった。

流暢《りゅうちょう》な日本語を話す中国系旅行会社の添乗員はこう述べる。

「病院に葬儀社との仲介業者がいたんです。盛んに話しかけてくるので、僕はてっきり病院関係者だと思いました。彼が遺体を持ってっちゃったんですよ。見積書はパソコンで見せるけど、契約書はどこにもない。ヘンだなあと思ったんです。遺体はどこにあるかと聞けば、新宿から離れたX市にある。『なんでX市まで持っていくのか』と聞くと

『施設があるのはそこしかない』と言うんです。なんか様子がヘンだ、オカシイと思いましたよね」

遺族が取るものも取り敢えず日本にやって来ると、A葬儀社は彼らにいきなりこう請求してきたという。

「前金で一〇〇万、現金で。それを渡さなければ作業はできない」

添乗員は、憤った口調で、私にこう訴えた。

「オカシイでしょ？　いきなり一〇〇万円。大金だよ。遺族も急なことで、そんなお金を持ってない。遺体は持っていかれちゃってるでしょ？　そこを断って遺体を引き取っても、遺体をどうしたらいいのか遺族にはわからない。ご遺体になんかあったら、僕の旅行社は信用を失う。慌てて政府機関に相談したら、エアハースという専門会社があるっていう。それで木村社長に連絡しました。そしたら対応が全然違った。契約書はしっかりしてるし、何より決定的だったのは、A社は遺体搬送まで一週間かかると言ったけど、エアハースは次の日には出発できるっていうじゃないですか。ああ、これは絶対に業者を替えるべきだと思いました」

日本国内で外国人が亡くなった場合、東京には監察医務院制度があり、東京都内から東京都内へ搬送するケースに限り、東京都が搬送費用を負担する。しかし神奈川県や埼玉県などでは、搬送費用を遺族が負担することになる。病院に遺体保管設備（大型の冷蔵庫）があればそこに保管できるが、個人クリニックが委託を受けている場合、遺体の保管場所がない。そこで遺体は、病院出入りの業者によって葬儀社に搬送されるのだ。

このような現状の下、病院の業務が円滑に行われるため、外国人の遺体は遺族の許可を得ることなく葬儀社に運ぶことが許されているのである。つまり外国人の遺族は、たいていどこに遺体が運ばれるかを決めることができず、搬送費用、遺体の保管費用、ドライアイス代、棺代をあわせると、遺体の引き取りまでに二〇万円ほどの費用を負担することになるのだ。遺族にとっては決して安くない金額である。しかも、外国人遺族にとって、業者の当たり外れは運次第なのだ。

エアハースが搬送を請け負うと聞いたA社は、遺族にこう切り出した。

「じゃ、五〇万円。五〇万でいいや」

そんなお金は持っていないと言うと、若い社員は、「じゃあ、いくら持ってんの。五万ぐらいあんでしょう？　じゃあとりあえず五万でいいよ」と言って手を差し出した。

添乗員は言う。

「唖然《あぜん》としましたよ。遺族には、エアハースに任せましょうと言いました。でも今度は遺族が何も信じられなくなっちゃってね。『遺体が万が一腐ってたら訴えてやる』ってエアハースにつっかかるんですよ。『親切で来てくれた社長にその態度はない』と僕は遺族に言いました。木村社長は『こっちはそっちが呼んだから電車賃払って来てやってんだ。こっちが頼んだわけじゃない。嫌なら今の業者にやってもらいな』って帰ろうとするし、今度は社長と遺族両方をなだめるのに大変でしたよ」

結局、遺族はエアハースに遺体搬送を任せることにした。

遺族とトラブルになるのを避けるために、利恵は現在の遺体の状況を遺族と添乗員の両者に見てもらうべきだと判断した。そこでふたりを連れてA社の斎場に遺体の引き取りに行くことにした。

遺体は小さな葬儀会場の中にあった。利恵と添乗員は遺体を見た途端、常識はずれの保管方法に目を疑った。猛暑の中で、遺体はドライアイスも当てられずに裸のままストレッチャーに乗せられていたのだ。利恵と添乗員は思わず顔を見合わせた。

「ちょっと、ねえ。あんた！　ドライアイスも当ててないの？」

そこにいたのは初老の男だった。彼は利恵の剣幕に気圧《けお》されておろおろした。

「だって、エンバーミングするっていうし、クーラーもかけているから……」

〈ここにも、知識がないくせに搬送を請け負う業者がいる〉彼女はカッとなった。

エンバーミングは遺体の腐敗を防止する処置だが、腐敗した遺体をもとに戻す技術ではない。いくらクーラーをかけても遺体は腐る。素人でも理解できるはずだ。スーパーから買ってきた肉や魚のパックを冷蔵庫にも入れずに部屋に置きっぱなしにはしない。言うまでもなくそれでは腐ってしまうからだ。遺体からはすでに腐敗臭が漂っていた。

これでA社は保管費用の一万円を請求し、搬送費用は都の税金からA社に支払われる。どんな神経をしているのか、と添乗員は怒っていた。その後遺体はエアハースに引き取られ、無事に本国の家族のもとへ帰された。

この話には後日談がある。それからしばらくしてA社からエアハースに一本の電話がかかって来た。驚いたことに今度は勧誘の電話だったという。

「うちは（遺体の）『入り』はやったことあるけど、『出』はないのよ。だからさあ、今度こういう案件入ってきたら仕事回すから、うちがやってることにして海外搬送しない？　うちにはいくらか仲介料をくれればいいよ。ただしエアハースの名前は出さないで、うちの名前でやってほしいんだ」

利恵はそんなカラクリなのかと呆《あき》れた。A社は葬儀社としての実体を持っていなかったのだ。つまりほかの業者に下請けをさせて、仲介料を得る業者だったというわけだ。だから遺体についての基本的な知識がない。調べてみると、マスコミでベンチャー葬儀社として取り上げられたこともあるB社も、A社と同じ住所で本社の届けを出していた。

添乗員は言う。

「木村さんのところに頼んでよかった。無事に遺体は中国の家族のもとへ帰りました。家族は感謝していました」

我が国では近年プライバシーへの配慮が進み、死は究極のプライバシーとして人の目から遠ざけられることとなった。それは同時に、正しい知識や判断力を我々から奪う。日本で亡くなった外国人の遺体は、どこでどんな扱いをされているのか、私たちにはわからない。それどころか、外国人が日本で死ぬということすら考えたこともない人が多数なのではないだろうか。人が生活しているところには死があるという事実を、長い間日本人は考えずに暮らしてきた。

希釈された死は、テレビドラマにも映画にも溢《あふ》れているが、虚構の世界に死の真実はない。代替品を消費しているに過ぎないのだ。本当の死を目にしない不自然な世界を作り上げ、我々は長い間そこに籠《こも》って死から目をそむけてきた。

しかし、死のあり方は、見えないところで、時代とともに変わっている。

グローバル化の進んだ現代、遺体は科学の進歩により腐敗の進行を止められて、海外から航空機に乗って戻ってくる。空を見上げて銀の機影を見つけると、幼い頃は海外旅行を夢見た。だが、今、私はその姿を見ると自分の中に複雑な感情を見つけてしまう。もしかしたら、あそこに遺体が積まれているかもしれない。

今の私にはそう思えてしかたがないのだ。

取材の端緒

日本で亡くなった外国人の遺体はどうなるのだろう。あるいは、海外で亡くなった日本人の場合はどう扱われるのか、疑問に感じたことはないだろうか。私はそのことがずっと気になっていた。

周りの人にも疑問をぶつけてみたことがあるが、思った以上に死の話はタブーらしい、話題にするだけで眉《まゆ》をひそめられることが多かった。身近な者の死については否応《いやおう》なく考えることもあるだろうが、他人が、しかも異国で亡くなるということについては想像したくもないのだろう。

だが、不思議に思わないだろうか。回覧板で外国人の訃報《ふほう》が回ることもないし、葬儀を見かけたこともない。彼らはどこでどうやって弔われるのだろう。

私の前職は日本語学校の教師だ。もう一五、六年前になるだろうか。私が最初に働いたのは、新大久保《しんおおくぼ》にある日本語学校だった。歌舞伎町《かぶきちょう》などの歓楽街が近かったからか、そこにはさまざまな立場の外国人が、日本語を学びに来ていた。日本に何年もいるのに片言の日本語すらおぼつかない年配の中国人コックや、三六五日無休で働かされている香港《ホンコン》出身のホステス。日本人妻と結婚したものの過酷な肉体労働しか職のないアメリカ人など、そこにいたのは日本社会の外側にいる人だった。当時の日本はアジア一の経済大国で、外国人を使い捨ての労働力としかみていないところがあった。彼らは働きづめの暮らしだったが、日本人の友人などいないように見えた。

この人たちは病気になったときや、心配ごとがあるときはどうしているのだろう。私はその生活の延長線上に、過労死を案じた。私自身は教え子の死に直面したことがなかったが、外国人が日本で亡くなったら、遺族はどうしたらよいのかわからず困るのではないか。日本語教師を辞めてからも気がかりだった。

改めて考えてみると、日本人が海外で亡くなった場合も、その後どう扱われるのかわからない。確かにテレビ報道では、空港に柩が帰ってくるシーンが映し出されることがある。だが、私が死んだ場合はどうなのだろう？　やはり遺体で帰ってくるのだろうか？　それとも遺骨で運ばれるのだろうか。現地で埋葬というのも想像してみたが、どうもそれは考えにくい。

そこでいろいろ調べてみると、国境を越えて遺体を搬送する会社があった。

その名をエアハース・インターナショナル株式会社という。

エアハース・インターナショナルは国際霊柩《れいきゆう》送還の専門会社として日本で最初に設

立された会社だ。

国際霊柩送還とは、海外で亡くなった日本人の遺体や遺骨を日本に搬送し、日本で亡くなった外国人の遺体や遺骨を祖国へ送り届けることである。実はこの「国際霊柩送還」という言葉も、エアハースの登録商標なので一般的な言葉ではない。だが、この仕事自体が特殊で、手がけている業者が少ないため、これに代わる定着した言葉が存在しない。そこで本書では、この名称をそのまま使うことにする。

国際霊柩送還という概念があまり知られていないのも無理のないことだ。この会社が日本に生まれたのは、二〇〇三年と比較的最近なのである。それまで国際霊柩送還は葬儀社の業務のひとつとして扱われていた。

利恵たちは独立前の一九九五年、当時働いていた葬儀社で、ネパールで遭難した邦人トレッカーの遺体送還業務に携わったその後、エジプト・ルクソール事件の犠牲者、パキスタンでの車両転落事故における被害者、在イラク日本大使館員襲撃事件における職員等の遺体を搬送している。

独立以降はスマトラ沖地震、アフガニスタン邦人教職員殺害事件、ミャンマーでのフリージャーナリスト殺害事件、アフガニスタンの国際援助団体の職員殺害事件等の犠牲者・被害者の日本への送還に携わるなど、新聞に載るような重大事件、事故の裏には必ずと言っていいほど彼らの働きがある。だが、「死」を扱う仕事だ。表立って報じられることはない。

私が彼らに取材を申し込んだのは、今から四年前のことだ。その時は、社長の利恵に「あなたに遺族の気持ちがわかるんですか？　それを書けるっていうんですか？」とぴしゃりと断られた。返す言葉もなかった。確かに私は海外で家族を亡くしたことがない。同じ境遇でなければ彼らの気持ちなどわかりはしないのだ。相当過酷な現場なのだろうと思った。

しかし私が現場のことを知りたいと思う気持ちは、覗き見趣味に過ぎないのだろうか。そんなものではないと思うのだ。ではいったい私を取材へつき動かす、この強い感情は何なのだろう。その理由をうまく説明できないのがもどかしかった。

その後一年、二年と過ぎても彼らの仕事は報道されるわけでもないし、表に出ることもない。私の無知は一向に解消されることがなかった。その間にもテレビではさまざまな死が報じられた。一度気になってしまうと、今までは聞いてもすぐに忘れてしまっていた他人の死がいつまでも心に引っかかる。私は何度も取材依頼に赴いた。

一方、利恵はこの四年間、さまざまなトラブルを見聞きしていた。

たとえば、こんなできごとが航空貨物業界で問題となった。

ある葬儀社が、外国から到着した日本人の遺体を成田空港まで迎えに行った。だが柩を開けてみると、そこには見知らぬ外国人が納まっていた。どうやら搬送の途中で、別人と取り違えられてしまったらしい。

「大切なご遺体が海外から帰ってくるんだよ。現地の葬儀社から始まって、航空会社、貨物取扱業者に至るまで、常に連絡を取って柩の所在を確認するのが当たり前でしょう？」と木村利恵は言う。しかし、この葬儀社は確認をする手立ても知らず、ただぼんやりと成田空港で遺体を待っていた。そのためにこんなミスが起きたのだ。しかも、葬儀社は、到着予定日当日に社葬をとり行う段取りをつけていた。

利恵は憤る。

「飛行機なんていくらでも飛ばないことがある。なのに、到着予定日当日に社葬を組むなんてあまりに非常識」

その後、外国人の遺体は送り返され、社葬は遺体不在のまま行われた。

ある船舶の事故では、経験の貧しい業者が不備のある書類を提出したため、遺体搬送に手間取り、その後インドへの遺体搬出に関する法令が厳しくなってしまった。

また、あるフィリピン人船員の遺体は日本国内の業者によってエンバーミングを施されずにドライアイスのみで送られた。本国に着くと、その顔は真っ黒に変色していたという。その姿を見た遺族は怒りに駆られ、日本にあるフィリピン大使館に、日本から送られてきた遺体の状況を訴えた。熱帯の貨物ヤードに数時間置かれれば、柩の中身がどうなってしまうかは容易に想像がつくだろう。フィリピンでは敬虔《けいけん》なカトリック教徒が多く、彼らは死者の復活を信じているのだ。変わり果てた姿で帰ってくるのは、宗教上からも耐えがたいことだ。

たとえ宗教を持っていなかったとしても、きっと誰もが同じ気持ちになるだろう。自分の大切な人をそんな状態にしてしまった業者にどれほどの怒りを感じるかは、察するにあまりある。

「自分がその立場だったらどう？　耐えられる？　自分の親が、子どもが、配偶者が、そうであったらって考えてごらんよ」

日本は他国と陸続きではない。そのため国際霊柩送還が発達せず、長い間エアハースのような専門的な知識を持つ業者がいなかった。だからいまだに海外搬送のための知識が一般的には乏しく、取り返しのつかないミスが繰り返されているのだ、と利恵は指摘するのである。

たとえいい加減な業者が遺体を腐敗させても、遺族は泣き寝入りをしているのが実情だ。そこで彼女は国際霊柩送還とは何かを知ってもらうために、しつこく取材依頼に来る私に、取材を許してくれることになったのである。

人は死んだらどうやって故国へ帰るのだろう。どんな人が運んでいるのだろう。国境を越えた地で亡くなると、家族はどんな想いを抱くのだろうか。それをこれから記していこうと思う。

この取材を通して私が見つけたのは、人が亡くなることの普遍的な悲しみと、我々の心の奥深くに根づいている、日本人としての「死」の捉《とら》え方だった。

なお、本作においては葬儀業界の慣例に従って、遺体の納められた「ひつぎ」を「柩」、納められていないものを「棺」と表記している。

死を扱う会社

羽田空港国際線旅客ターミナルは華やかだ。クリスマスシーズンには大きなツリーが飾られ、行き交う人の表情も晴れやかになる。

しかし、私は国際線貨物ターミナルに用がある。遺体や遺骨は法令上貨物扱いで運ばれる。貨物ターミナルの一角にエアハースもあるのだ。

旅客ターミナルの出口を抜けると、羽田沖から来る真冬の風がひゅうひゅうと体に吹きつけて体温を奪っていく。しばらく歩くと、ただ整地され芝生が植えられただけのだだっ広い敷地が続いている。海、工場地帯、そして近未来的なカーブを描き、モノレールが通りすぎていくのが遠くに見える。あとは空がただ広い。東京とは思えないほどの分量だ。

飛行機のジェット音は風の音にかき消されて意外なほど聞こえてこない。だから空には、ぬっ、という感じで、思っていたよりずっと大きなサイズの飛行機が浮かび上がり建物の向こうへ消えていく。

さらに五分ほど歩くとゲートがある。その傍らには警備員が立っており、セキュリティはかなり厳重だ。そしてその先に見えるのが第一国際貨物ビルだ。

扉を開けて中へ入ると、パーティションの奥にデスクが並んでいる。一番奥には、会長の山科昌美《やましなまさみ》がいる。髭《ひげ》にオールバックの五〇代だ。彼の隣のデスクには社長の木村利恵、手前の島になっているデスクには、奥から順に利恵の息子の木村利幸《としゆき》と、娘の木村桃、その隣には四〇代後半でドライバーの古箭厚志、そして新卒採用で新入社員の川﨑慎太郎が座っている。さらに最近、正社員として入ってきた数人の新人がいた。

山科昌美と木村利恵は共同経営者だ。対外的なことについて担当するのは利恵で、接客から社員の教育までを主に受け持っている。

新聞の一面に載るような事件のほとんどをエアハースが担っていると知った時には、もっと大勢の人員が働いているのかと思ったが、ずい分小ぢんまりしている。この会社は昔ながらの家族経営的な職人集団といった感じだ。

木村利恵は出社すると、背筋をしゃんと伸ばして神棚の前に立ち、パン、パンと大きな柏手《かしわで》を打つ。毎朝きちんと手を合わせると、気持ちが静まりリセットされるのだそうだ。ご利益はあると木村利恵は思っている。心を整えているおかげで今までエアハースではひとつも事故がないと言う。

事務所には塵《ちり》ひとつ落ちておらず、細部にわたって、丹念に磨き上げられている。この部屋のたたずまいのせいか、それとも存在感のある神棚のせいか、ここには神事を捧《ささ》げる土俵のように、清浄な空気が流れているようにも感じられた。

人の死を扱う職業だから、利恵は尼僧のような人かと思うと、イメージを裏切られる。外見はかなり個性的だ。髪を赤く染めて、黒々としたマスカラをつけ、ヒョウ柄などの派手なブラウスにエアハースのベンチコートを羽織って廊下を闊歩《かっぽ》する姿は、このビルでもちょっとした名物になっている。彼女はしょっちゅう喫煙室に行き、たばこを吸っている。かなりのヘビースモーカーなのだ。酒焼けの声はハスキーで、彼女のことを「姐御《あねご》」と呼ぶ人もいれば、「兄貴」と呼ぶ人までいる。暴走族でリーダーでもしていたんじゃないかと冗談混じりでよく聞かれるそうだが、話すことは昭和生まれの江戸っ子で、昔気質《かたぎ》だから外見と内面のギャップに面食らう。目下彼女が腹を立てていることといえば、「赤信号で道を渡る人が多すぎる。なってない」であり、「最近の若者はバスでも電車でも年寄りに席を譲らない。けしからん」である。この平成の世で、道徳を守らないことについて、これほどまっすぐ怒っている人に遭遇するのは珍しい。

利恵はなぜこの仕事を始めたのだろう。それについて彼女はハスキーな声でこう答える。

「返礼品ってあるでしょう？　お茶とかハンカチとか香典返しに配る品。その会社でアルバイトやっていたら、スカウトされて葬儀社に入ったんだよね。それがきっかけ」

しかし、毎日遺体と対面する仕事だ。外務省の「海外邦人援護統計」（二〇〇一〜一〇年）によると一年に四六七人から多い時で六四七人の邦人が海外で亡くなり、エアハースでは毎年約二〇〇体から二五〇体の遺体を運ぶ。特に海外から運ばれてくるとなれば病気のほか、事故、事件、災害など、自然死ではない遺体も多くなる。亡くなってからの日数もたっているのが普通だ。当然、遺体の状態は悪い。彼女が毎日接している「死」について、彼女自身はどう思っているのだろう。

「死ぬのは怖いよ。否応もなく想像しちゃうけどやっぱり怖いし足がすくむ。死ぬのも嫌だし病気や老いでこの仕事ができなくなっちゃうのも怖い。この現場にいると慣れると思うかもしれないけど全然慣れない。きっとずっと怖いと思う」

二〇一二年一月、東京都内でふたりの台湾《たいわん》人女子留学生が刺殺された。彼女らは日本語学校の学生だった。新聞によると首や手などに一〇カ所以上の切り傷と刺し傷があったという。

日本の文化が好きでこの国にやってきた前途有望な若者たちだった。日本で過ごす時間は、彼女たちの将来にとっても貴重なものだったはずだ。だが、その夢も希望も、同じ台湾から来た留学生の男によって無残にも打ち砕かれてしまった。

「お願いするよ」とかかってきた携帯電話の向こうで、台北駐日経済文化代表処領事部の劉福政は少し台湾なまりのある日本語で、何度もこうつぶやいた。

「許せないよ……、こんなこと絶対に許せないよ……」

台湾の領事部や日本の警察と連絡を取りながら利恵は検死を待ち、遺体の引き渡しを受ける。

傷の多さからか、検死は当初予定されていた時刻を大幅に超えた。遺体が戻ってきたのは午後九時を過ぎた頃だ。柩はただちに羽田空港国際線貨物ターミナルに運ばれ、処置はそこで行われることになった。

利恵にも被害者と同じぐらいの娘がいる。彼女たちの若さや美しさを目の当たりにすると、余計に胸が締めつけられた。

「お父さんとお母さんが待っているよ。今きれいにしてあげるからね」

処置を担当するのは、利恵の息子で取締役の木村利幸、そして川﨑慎太郎だ。アシスタントには古箭がつく。

約二時間の処置を終えて、新しい棺に安置されたのは午前一時すぎのことだ。さらに、すべての作業を終えて社員たちが家路についたのは午前三時を回っていた。

翌日、遺族たちは柩の中の故人と対面する。

一瞬の沈黙のあと、彼らは崩れこむようにして柩にすがりつくと号泣した。

「きれいだよ」

「きれいになったね」

両親は柩に顔を寄せて声をかけた。利恵は対面の間、ずっと遺族につきそい、腕を支えていた。彼女は遺体を預かって以降ほとんど寝ていない。

社員たちは、利恵の体を心配していた。会長の山科が眉根《まゆね》を寄せて言う。

「この会社は、よくも悪くも、彼女の人格がそのまま会社のカラーになっている。二代目が育たないうちに倒れられたら、この会社は立ちゆかない」

そのあと、ややあってこう続ける。

「彼女の体が心配なんですよ。もうあれは仕事なんかじゃない。どう考えてもやりすぎ。でも、彼女は止めても聞かないからね」

逃亡中だった容疑者は警察に身柄を拘束されたが、その後に自殺を図った。動機など、真相はすべて謎のまま捜査は打ち切られることになる。最悪の幕切れに警察関係者も大きなショックを受けた。加害者にも親はいるだろうに、短絡的な犯行と、その後の行動はあまりに多くの人を傷つけることとなった。

娘が命を落とすことになった国である。複雑な想いがあるだろうが、二人の両親は柩の中の娘に晴れ着を着せたいと望んだ。それが両親にとって、日本を愛した娘たちにできる精一杯のことだったのだ。そこで利恵はどんな着物がいいか、どんな場所で買うのがいいかをアドバイスした。

利恵は、ふたりの体を包みこむように丁寧に晴れ着をかけた。その姿が花嫁のように美しかったので彼女は思わず両親とともに涙した。人生の一番いい時に失われてしまった命だった。ふたりがいかに両親の愛情を受け、大切に育てられたのかがあでやかな晴れ着によく表れている。

告別式の会場にも利恵の姿があった。

台湾仏教の読経《どきょう》が流れる中、色とりどりの花が手向《たむ》けられ柩の蓋が閉められる。母親は利恵の肩にすがって泣き、父親は手を握って利恵に声をかけた。

「ありがとう。今度は私の国に絶対いらっしゃい。私が案内するから」

出棺の準備が終わって、ふたりの父親が挨拶《あいさつ》に立った。

クラスメイト、学校、日本政府、警察、領事、葬儀関係者、僧侶《そうりょ》と様々な人に感謝の言葉を述べていく。不条理な事件だ。怒りを誰かにぶちまけたくなるだろうに、そんな言葉などなにひとつ語ることなく、父親は深く頭を下げた。

その姿勢が利恵を泣かせた。何度も泣いた目が赤く腫《は》れている。

出棺の時を迎え、霊柩車の長いクラクションが響く。それは火葬場への出発を告げる声だった。バラバラとカメラを抱えて追いかけるテレビクルーを置いて、霊柩車は火葬場へ向かう。利恵は台湾式に写真を貼った骨壺《こつつぼ》を用意し、遺骨は中に納められた。その後遺族は娘を胸に抱いて故国へと戻っていったのである。

毎日のように別離の悲しみが繰り返される中にあっても、この職場の社員たちはとても明るい。「死」の現場に携わる人だから始終沈痛な面持ちでいるかといえばそうではない。

利恵は口癖のように私に向かってこう言うのだ。

「故人や遺族の気持ちは、誰にもわからないんだよ」

ある時から、その言葉は私だけに向けられたものではないと気づくようになった。ここにやってくる遺族の悲嘆は大きい。どんな宗教も慰めの言葉も、ほとんどの人にとっては無力だ。だからこそ故人や遺族の役に立つために、彼らには感情の渦に巻き込まれない冷静さが必要とされる。精神的にも肉体的にもショックで呆然としている遺族の手となり足となるためにも、彼らは自らの悲嘆にとらわれることなく動かなければならないのだ。

彼らには文学者や哲学者のように「死とは何か？」といった、解けるはずのない〝ちえのわ〟をもてあそんでいる暇はない。

社員たちは現場に出る時、火打ち石で背中に「切り火」を受ける。そして一礼すると厳しい現場へ出ていくのである。

遺　族

1

遺族の目から見て、国際霊柩送還士はどのように映るものなのだろうか。

利恵と今も連絡を取っている遺族に、実際の国際霊柩送還について話を聞くことにした。彼女は利恵とは娘を運んでもらって以来の友人関係だという。

「遺族と葬儀関係者の間で普通そんな関係はありえないでしょう」と私が言うと、「そうですね。自分でも不思議です」と笑った。

木田真理子は今年四一歳だ。だが細身の彼女は、年齢よりずっと若く見える。ボブの髪に柔らかいカール、紺のタートルネックのセーターにぴったりしたパンツを穿《は》いて、肩から赤いバッグを下げていた。もうすぐフランスに帰るという日、私は仙台駅で彼女と待ち合わせをして話を聞いた。

彼女の表情に翳《かげ》りはない。むしろ陽気に、「利恵姐《ねえ》さんは元気にしている？」と私に尋ねる。しかし、立ち直ったように見えても、当時のことを話すと、やはり何度か声を震わせて目を赤くする。利恵と会ってからすでに四年が過ぎた。しかし、「もう、大丈夫だろう」という日は来ていない。

真理子は三六歳の時、フランス人男性エリックとの間に娘を授かった。名前は理沙《りさ》という。エリックは真理子の妊娠中に、「女の子だったら日本の名前、男の子だったらフランスの名前がいいね」と言っていた。だから真理子は、女の子なら理沙という名にしようと決めていたそうだ。

彼女はそれほど名前で悩んだわけではない。理沙という名前が「天から降ってくるように」閃《ひらめ》いたので、女の子に違いないと思ったし、「この子はきっと女の子よ」と生まれる前からエリックには言っていた。エリックは真理子から聞かされたその名をとても気に入っていた。特に「漢字で書けるのがいい」と、ことあるごとに練習をし、つたないながらも漢字で「理沙」と書けるようになっていた。

当時、彼女たちの住まいはフランスにあったのだが、高齢出産で初産ということもあり、真理子は日本で産みたいと願った。彼女の心配を知ったエリックは、「それが真理子とおなかの子どものためになるなら」と快く送り出してくれたという。

その後、途中でお腹の子どもが下がってきてしまい、切迫流産で、絶対安静を言い渡されるなどのトラブルがあったが、帝王切開で出産し、健康な二八〇〇グラムの子が生まれてきたという。

「生まれたての子はおさるさんみたいでかわいくない、っていうけど、理沙ちゃんは、本当にかわいかったんですよ。赤ちゃんが欲しいというのは、私たち夫婦の切実な願いでした。そうしたらまるで天使みたいな子が生まれてきたので、自分のところにこんなにかわいい子を授かったんだと、すごく嬉《うれ》しかったです」

夫は、真理子が臨月になる前に日本に来て、そわそわと「まるで動物園の熊《くま》さんみたいに」誕生の日を待っていた。

娘が誕生した時は、真理子よりエリックのほうがずっと喜んでいたという。毎日病室に来ては理沙のかわいさをほめる。「僕のお気に入りは理沙の髪が黒いところ。真理子のお気に入りはその髪にウェーブがかかっていること、そしてブルーがかった日をしていること。そうだろう？」。毎日彼が言うのはそんなことだった。エリックは飽きもせずに優しい瞳で娘の顔を眺めた。

真理子の両親は、三〇代の娘が産んだ初孫をそれは溺愛した。「どんな服を着せてもかわいい」と言っては、頼んでもいないのにたくさんのベビー服を買ってきた。ベビーカーもブランドものの一番高いものを取り寄せるなど、喜び方は尋常ではなかった。

フランスの両親も負けてはいない。映画に出てくるような天蓋《てんがい》つきのベビーベッドが送られてきた時には、日本の両親も真理子もびっくりしたという。日本家屋の畳部屋とそのベッドはどう考えても不釣り合いだったからだ。エリックも父も母も、ベッドを組み立ててみて、あまりのミスマッチに大笑いした。今思い出せば何でもないようなワンシーンだ。しかしそんな光景が、それこそ映画に出てくるような幸せなシーンとして真理子には思い出される。

真理子は理沙が生後四カ月ぐらいになったら、一緒にフランスへ帰るつもりにしていた。ところが理沙が病気をした。三カ月になった頃しつこいせきとぜいぜいという音が止まらなくなり入院することになった。せきについては落ち着いたが、その後も呼吸器が弱く、すぐに発作が出るので、フランスに帰るに帰れず真理子たち家族は彼女の実家にいたのだ。

夫は娘といたいからと、長期休暇を取って日本にやって来た。その休暇の途中で、残してきた仕事を片づけに一カ月間だけフランスに戻り（それを彼はいまだに後悔している）、ふたたび日本に戻ってくる。

理沙は体が小さく食も細かった。そして一歳になってもなかなか歩こうとせず、周りの人間を心配させる。だが、やがてつかまり立ちをし、ようやく歩き始めた。

「そのかわいさったらなかったです。トトト……っていう感じで、何歩か出て、立ち止まってバランスを取るの。歩けたよ、って言うようにこっちを見てにっこりするんです。

そのしぐさがかわいくてたまりませんでした」。最初の一歩を見たのはエリックと真理子の母親だった。「私は、その瞬間をたまたま見ていなかったの。もう自転車に乗ることもないし、スキップをすることもないんだから、あの日最初の一歩をどうして見ておかなかったのかな、って思います」

理沙と散歩をするのは、夫婦にとってのちょっとした喜びだった。なにしろ道を行く人が、「かわいい」と声をかける。特に中学生の女の子たちは、「抱っこさせて」と飛んできたという。両親も人形のようにかわいらしい初孫をとてもかわいがっていた。

だが、ある日突然、その時はやってくる。

予兆もなく、予感もなかった。

「その時、うつぶせでした……。泣いていたら絶対気づいたはずなんですが」

フランスの両親が送ってくれた天蓋つきのベビーベッドの上で、小さな娘は真っ青な顔をしてぐったりしていた。

「いったい何が起こったのか、よくわからないんですよね……。最初に一一九番に電話をかけて、エリックに電話をかけて、叫びながら親を呼んで……。もう、よく覚えていません」

救急隊員が入ってきて蘇生術《そせいじゅつ》を施しながら理沙を病院へ連れていく。そこで、医師から理沙の死亡が告げられた。次いで病院には警官もやってきた。事件性はないということですぐに帰ったが、その時の警官がずいぶん優しくしてくれたのを覚えている。

小さな柩に入って理沙は帰ってきた。玄関の上がり口に、理沙の赤い靴があって、その上を柩が通りすぎていく。もうあれを履かないのかなとぼんやりと思ってから、そう思う自分に何か罪悪感のようなものを抱いたという。

こういう時は現実をなかなか受け入れられないものだ。「どうしたのかなあ、何があったのかなあ」と真理子はぽかんとしていた。

ただ、母乳を与えるために、胸がパンパンに張って痛くなる。

「理沙が泣いていると、おっぱいが張るんです。遠くに離れていても、張ってくると、『あ、理沙が泣いているな……』ってわかるの。でも理沙はいないでしょう?」

泣きながら風呂場で母乳を搾った。母乳は勢いよく飛んで床にも壁にもかかる。

〈なんで守ってやれなかったんだろう〉

そう思うと次々と答えの出ない問いが頭に浮かんでくる。

〈なんで娘が息をしていないって気づかなかったんだろう……〉

〈あのベッドが娘を殺したんじゃないだろうか……〉

母乳は搾れば搾るほど、体から流れ出た。

だが一方で、遺体になった理沙を、どうしても抱き上げることができない。

「ぐったりしていたし、ものすごく冷たかったんです。あの子、ものすごく冷たい。触ったことってありますか？　あの冷たさは本当に怖いんです。冷たい、冷たいよってエリックも泣いて……」

実家ではその日のうちに通夜が行われ、親族のほとんどがやってきた。父母に、真理子の祖母、おじ夫婦がふた組と、おば夫婦、真理子のいとこ、真理子の友達。顔をのぞきこんではみなが泣いて、かわいいさかりの理沙にお別れを言った。

だが真理子は、人が泣けば泣いたで、自分が責められているような気がしたという。彼女は幼い子を死なせたという罪悪感に苛まれていた。

フランスに住む夫の両親は、当初は日本で火葬にすることを了承していたが、やはりどうしても孫に会いたいと言うし、夫も自分の両親にとうとう娘を見せられなかったことだけが心残りだと嘆く。そして、なんとかして娘をフランスに送るのだと言い始めた。

「最初は、何言ってるのかなあ……と思いました。そんなことは思いもよらなかったからでも葬儀社に相談すると、そういう仕事を引き受けてくれる会社があるって言うんですよ。国際霊柩送還っていうものを初めて知りました。業者さんを紹介してくださいと言ったら、その日のうちに来てくれたのが利恵さんでした」

利恵の最初の印象はどうだったのだろう。

「最初は普通でした。本当に業者さんという感じで……」

しかし、利恵の行動は早かった。真理子の住む町に利恵は連絡を受けた当日には羽田から飛んでいる。その後てきぱきと手続きを済ませると、夫と真理子の羽田までのチケットを手配し、理沙の柩と夫婦が乗る飛行機に一緒に乗りこみ、ふたりに付き添った。

「利恵さんはフランスに帰るまでの間、ずっと一緒にいてくれたんです。柩を送る手続きをしてくれて、私たちの飛行機のチケットまで用意してくれました。まったくご飯が食べられない私に、『何か口に入れなきゃダメだよ』と言ってさりげなくおにぎりを渡してくれたり、『トイレずっと行ってないんじゃない?』って言ってくれたり。気づくと隣にいてくれて、なんだか安心しました。利恵さんって決して英語がうまくはないんですけど、なぜか通じちゃうんですよね。おもしろい人柄がちゃんと伝わるようで、しばらく笑っていなかったエリックが笑っていたんで、びっくりしました」

その後、羽田で処置を済ませた娘と真理子は再会を果たす。

柩の中を覗き込んだ夫婦は、思わずわっと声を上げて泣いたという。

「柩の中の理沙を見て、驚きました。別れた時はかわいそうなほど真っ青になっていたんです。その顔がまるで生き返ったみたいで。その時は、本当に生き返った、エアハースが生き返らせてくれたと思いました。悲しいんです。悲しいんですが、もう一度穏やかに眠っている理沙に会えたのがすごく嬉しくて。

今にも目を開けて『ママ』って言いそうで、何度も名前を呼びかけました。『ママよ、理沙ちゃん。ママだよ』って。

でも、目を開けないんですね。すぐにでも目を開けそうなのに、もうすぐ起きそうなのに、生き返らない。ただ一方で化粧をした顔の理沙は、もう、完全に遠くへ行ってしまった子の顔だというすごく冷静な感情も湧《わ》いていました。私たちはずっと理沙の顔を見ていましたし、何度も名前も呼びました。もう内臓が全部出ちゃいそうなほど泣いて泣き疲れて、ダメなんだな、帰ってこないんだな、とはっきり悟ったんだと思います。

フライトまで一日あったので、利恵さんは、『会いたい時にはいつでも言って。会わせてあげるから』と言ってくれました。私たちは何度も理沙に会いに行きました。会いに行くたびに、あきらめが大きくなっていったように思います。

最後に柩の蓋を閉じると、フランスの国旗の色でリボンをかけて封印するんですよ。すごくかわいらしくて。『バイバイ、バイバイ……』って何度も言ってその場では別れました。『またフランスで会えるからね。パパの国で会えるからね』って呼びかけました。エリックは、『パパの国はすごくいいところだよ』って、ずっと話しかけているんですよね。彼もすごくつらそうでした」

柩はエアハースに一晩安置され、彼女たちはホテルに戻った。

「その日私たち夫婦は、『フランスに帰ればまた会える』『またお別れが言える』と言い合いながら眠りました。夜起きると、エリックは私に背中を向けてしゃくり上げて泣いていました。それを見ると、また泣けてくる。人間ってこんなに泣けるものなのか、と思いました」

そしてエリックと真理子、娘の理沙は、フランスへ旅立った。

「利恵さんは最後に空港まで送ってくれて、私とエリックを優しく抱きしめてくれました。温かかったです。エリックは、『理沙を甦《よみがえ》らせてくれてありがとう』というようなことを言っていたと思います。

フランスまでは遠いし、着く頃には理沙はどうなっちゃうんだろう、と実は心配していたんです。もう亡くなってからだいぶ経っていましたから。

でもフランスに着いて柩の中を確かめたら、きれいなままの理沙が寝ていました。その時にも泣いたんです。

もう私もエリックも泣き方が違っていました。

理沙は死んでしまったんだ、とちゃんと確認したという感じでもあったし、もう泣く力も残っていなかった、という感じでもありました。

葬儀には、フランス中から親族が集まってきてくれました。お義父《とう》さんとお義母《かあ》さんも、ものすごく泣いて、おじやおばも泣きました。でも、言うんですよ、『なんてかわいいの？』『本当に美人ね』って。そして私に『ありがとう』って。『こんな遠くまで連れてきてくれてありがとう』って。

あの日から一〇日が経っていました。なのに、ちっとも変わっていない。誰もが『この技術はすごい』って驚いていていました。

亡くなった直後の顔のままだったら、私は誰にも会わせたくなかったと思います。たぶんみんな目をそむけるでしょうし、それでは理沙がかわいそうだから。でもいつまでも見ていたいほどかわいかった。

エリックの祖母はもう八〇歳を過ぎていて、杖《つえ》をついた小さなおばあさんなんですが、彼女が私をぎゅーっと抱きしめてこう言うんです。

『私も、もうすぐあっちへ行くから。天国でリサを見つけてあやしてあげるよ。顔を覚えられてよかったよ』って。

泣きました。すごく泣きました。

でもその時、思ったんです。理沙は最後に家族の中に戻れてよかった。日本でもフランスでも、たくさんの家族の中へ帰してあげられてよかったって。

集まってきた人たちみんなと理沙は繋《つな》がっています。そしていつかみんなが向こうに行った時に、理沙はこの人たちと再会できるんです。

人間はひとりぼっちじゃなくて、みんないつか死んで、同じところに帰ってひとつになるんだと思いました。

理沙に羽田で会い、また別れた理沙と今度は日本から遠く離れたフランスで再会したでしょう?

だから、またきっと会えるような気持ちになったのでしょう。今は少しお別れしているけど、またきっと天国で再会できる。そう思ったら、心が落ち着いたんですね。

人生なんてあっという間です。私だって考えてみれば死ぬんです。それまで自分にできることをやって、向こうに行ったら理沙にいろんな話をしてあげようと思うようになりました。

それでも、……三年経ったぐらいから、やっとそう思えるようになったんですよ。

ぎゅーって握りしめていた理沙への執着を、ちょっとだけ放せたような気がしました。放しても大丈夫なんだ、って思えたんです。

ある日ね、心の中で『もう、行ってもいいよ』って声が聞こえてきたんです。

何が、『行ってもいい』のかはよくわかりません。理沙がもうバイバイしようと言ったのか、私が理沙にお別れを言ったのか……。

記憶の中の理沙は、大きなエリックに抱かれて、彼の肩越しにちょこんと顔を見せて、こっちを見てにこにこしているんです。

それで、覚えたばかりのバイバイを繰り返しているんですよ。

『バイバイ……』

小さな手で、『バイバイ、バイバイ……』って言いながら、それがだんだん遠ざかっていくんです。

ああ、バイバイって私たちのためにちゃんと覚えてから天国に行ったんだなあ、って思いました。

あれは私たちが行った小さなピクニックの情景です。新緑の頃で、小さな遊歩道が木漏れ日できらきらしていました。理沙の柔らかい髪も、ブルーの目も、光できらきらしていて……。エリックはチェックのシャツを着ていて、理沙のほっぺにキスをするんです。小さな白い花がたくさん咲いていて……。完璧《かんぺき》な幸せってああいうのを言うんでしょうね」

利惠のことで何か印象に残ったことは？　という問いに彼女はこう答えた。

「あんまり説教がましいことは言いませんでしたね。いいことを語っちゃう人じゃないんですよ。

でも、利惠さんの行動自体が何より雄弁だったと思います。死んでしまったんだから、もうどうしようもない、とは全然思っていないんだと思います。『何かできることはあるはずだ』『何ができるんだろう。なんとかしてあげたい』というのがひしひしと伝わってきました。私が寒そうにしていると毛布を持ってきてくれるし、のどが渇いているんじゃないかとお茶を出して手に持たせてくれる。チケットなんてあんな精神状態じゃ取れるはずがないんです。だから手に握らせてくれたのは本当に助かりました。

それに、エアハースのエンバーミングはすごかった。あれを実際に見たことのない人は、本当のありがたさが決してわからないだろうと思います。

私たち以上に、エアハースの人は理沙が甦ると信じていたんじゃないかと思うんです。そうでなければできないことです。

理沙のために、もっといろいろなことをしてあげたいのに、もう何もできない。そう泣き叫んでいた私たちに、それでもまだできることがある、と教えてくれたのが利恵さんたちです。

私たちも利恵さんと出会えたから、『理沙のために、ここまでやってあげられた』と満足する気持ちで、やっと先へ進めたんだと思います。

利恵さんが説教じみた話をしないことの意味が、今ならよくわかります。慰めたり同情したりするのって、どこか上から目線でしょう？　同情する人たちは幸せなところから、かわいそうな人を救ってあげるという雰囲気を感じてしまう。

でも、私たちは理沙と一緒にいたかったんです。どんなに苦しもうと、悲しもうと、理沙といつまでも一緒にいたかった。私たちにとって悲しむことは、ほとんど『I love you』と言っているのと同じでした。今にして思えば、私たちは悲しみたかったし苦しみたかった。そうしていれば理沙と一緒にいられたから。そして、本当に今にして思えばですが、そこまで別れを悲しめるほど大好きな子と出会えて幸せだったんです。そんな私の横に、ずっと利恵さんはさりげなくいてくれて、肩を貸してくれました。泣きたい時は、我慢しないで泣いていいよ、って。つらい時は寄りかかりました。意外と小さい人なのに、その時はすごく大きかったです。私は生まれて初めて、こんな時は人に寄りかかってもいいんだ、ということを学んだように思います」

彼女はその後、フランスのホスピスで傾聴ボランティアを始めた。そして、先日初めて人を看取《みと》った。

「あるおじいさんが私の手を握ってこう言うんです。『ありがとう。わたしも向こうに行ったら、君のおばあさんと一緒にきっと理沙を見つけてあやしてあげるよ。向こうに行くのが楽しみだ』って……」

まだ心の傷など少しも塞《ふさ》がってはいない。それでも同じ痛みを持つ人々と一緒にいて、「死」について納得できる答えを探したくなる。今回、真理子は東北でボランティアをするために戻ってきて、あと数日でフランスに帰る。

彼女はこうも思っている。

「娘を亡くすまで、私は人の悲しみがわかっているつもりでいました。でも違うんです。

私のような立場になってみないと、私の気持ちは絶対にわかりません。私だって同じです。津波で家族を亡くした人の気持ちはわからない。

もし、私が人より何かを知っているとすれば、私は誰にもわかってもらえない悲しみを抱えてしまった絶望を知っています。その悲しみからは誰も救ってくれないということも知っています。だから私はなるべくそばにいてあげて、ささやかなことでもできることを見つけるだけです」

そして彼女は「姐御によろしく」と微笑《ほほえ》んで、雑踏の中に消えていった。

あの雑踏の中にも彼女と同じ悲しみを抱えている人がいるのだろうか。

そんなことを思いながら彼女の背中を見送った。

2

もうひと組、利恵にとてもお世話になったからと、話を聞かせてくれた夫婦がいる。

彼らは最愛の息子を失った。

アジアのある村で、ひとりの日本人の青年が亡くなった。彼の名は高野勝《たかのまさる》。二〇代の若者だ。日本国内のIT企業に勤めていたがそこを辞め、海外に渡り日系の食品加工会社で契約社員として働き始めた。

彼は休みを利用して「周辺の国に旅行する」と言って出かけて行き、そのまま消息不明となってしまった。日本に残された両親も現地の同僚もみな心配していた。

〈ひょっとしてもうこの世にいないのではないか〉

そんな不安が両親の胸に少しでもよぎらなかったかといえば嘘《うそ》になる。しかし、まさか息子が死ぬわけなどないとふたりとも思っていた。彼が遺体となって発見されたという情報が入る。「本当に死んでしまうなんて」。両親の悲嘆は大きいものだった。

追い打ちをかけるように、悪い知らせは続く。遺体発見現場はイスラム系武装集団によるテロが頻発しており、治安が非常に悪く、遺体を回収に向かうのは大変難しいというのだ。

外務省の関係者も、現地駐在の日本の警察関係者も、そこには近づくことができなかった。

両親はこう言う。

「せめて、どんな姿でもいいから会いたい、と思うのは親として当たり前でしょう」

利恵のもとには、回収不能の遺体があるという情報がいろいろなチャンネルから入ってきていた。

「早く帰ってきてほしい」

利恵は遺族の精神状態を心配していた。

遺体は数日間現地に留め置かれたが、その後、地域警察の協力もあってなんとか収容することに成功した。

彼は国境をはさんだ隣国から入国して、市内へ戻ろうとしたが何らかの理由で出られなくなってしまったらしい。死因は転落による脳挫傷《のうざしょう》。転落の原因は不明のままだ。


勝は地元の公立中学、高校と進み、都内の私立大学に行った。

母の映子は言う。

「主人とも話していたんですが、あの子は小さい頃から少し落ち着きのない子でした。だからいつも危なっかしい勝のことばかり心配していたんです。バイクの免許を取りたいと言った時にも反対をしたし、大学受験の際も、『お願いだから確実に入れるところも受けてほしい』と頼みました。

ＩＴ企業を辞めると言い始めた時も、『頼むから辞めないで』って頼んだんですよ。でも、『精神的に限界だ。病気になりそうだから辞めさせてくれ』って言われて」

父の浩二《こうじ》もうなずく。

「昔は入った会社に一生しがみつくしかなかったものですが、今はそうじゃないらしいですね。辞めてしまって大丈夫なのか、と心配したんですが、『精神的な病気になるよりはいい』と言うんです。最近では鬱《うつ》での自殺も多いと聞きますしね、勝の言う通りだなあと思いましてね。

今にしてみれば、あのまま働いていたほうがよかったんじゃないか……と、ついついそればかり夫婦で話してしまうんですよ。あのままIT企業に勤めていても自殺してしまったかもしれないし、日本で事故に遭ったかもしれない。結局、寿命だったんだよとふたりで言い合うんです。でも、しばらく経つとまた同じ話をしていて、堂々巡りです。あの時転職を思いとどまらせていたら、勝が生きていたのかは、もう私たちにはわかりませんけれど」

半年ほど職を探していた時は、浩二もついイライラして、勝に文句を言ったことがあるという。

「『若いもんがいつまでも家にいてどうするんだ？　なんとかして仕事を見つけないと、将来困るぞ』。そんなふうについ説教してしまってね。考えてみれば長い人生です。もっとゆっくり仕事を選ばせてあげたらよかったと思います」

もともと勝は海外志向があったわけではない。それでも海外での職を見つけてきた時には、それほど嫌でもなさそうだった。

「海外で働くって聞いた時は心配しました。知り合いにもあたってみたんですが、ほかに職も見つからなくて」

手を尽くしたが、別の仕事は見つからなかったのだと映子は寂しそうな顔をした。

そして、最愛の息子は異国で遺体となって見つかることになる。

遺体の身元確認には、勝の両親よりひと回り若い親戚夫婦が行った。

現地からの国際電話で、両親は受け止めかねるような話を聞く。

「勝君はすごく変わっちゃっているよ。ふたりは見ないほうがいいかもしれない」

利恵は現地で働いている日本人の仲間と連携し、その国の葬儀社に連絡を入れ、遺体受入れの準備を整えた。遺体は帰りを待ちかまえていたエアハースのスタッフたちにより羽田到着で当日のうちに処置をされ、数時間のうちには彼の実家に送り届けられたのである。

勝と再会した両親は思わず涙ぐんだ。

「……きれいだったんですよ。信じられないくらい。ちゃんと小さい頃の面影が残っていました。あの子、海外で働き始めてからちょっとすさんだ顔になっていたんですが、高校時代か中学校の頃に戻ったようなあどけない顔をしていました。

エアハースさんにはこんなにつらい仕事を一生懸命やってくれてありがとう。息子のためにここまでしてくれてありがとう、と言いたいです。尊いお仕事だと思います。身元確認に行った人は、見たらきっとトラウマになるよと。でも、本当にきれいに包帯で手当てしてくれていましてね。勝はもう全然痛くなさそうでした」

利恵は、この夫婦のその後の行動をとてもよく覚えている。

「勝が向こうで住んでいたアパートに行く」と電話をしてきたからだ。利恵は国際霊柩送還士なので、柩を送り届けたあとは、もう彼らの業務の範囲ではない。

しかし利恵は、この夫婦の普通ではない精神状態が気になってしかたなかった。

急に泣いたかと思うとぼんやりして、明らかに日常生活すらまともにできていないようだった。彼らの心の中では時間が止まってしまっていた。精神に大きなショックを受けると、遺族はトイレにも行かなくなる。食事の時間も、眠る時間も、何ひとつ正常に流れていなかった。

そんな状態で現地に行けば、「勝、勝……」と愛《いと》しい息子を捜しながらさまよい続けるに違いない。言葉の通じぬ人の海の中で、呆然《ぼうぜん》としている老夫婦の姿を想像すると利恵の胸が痛んだ。これでは彼らまで勝のように遭難してしまう。

利恵は思わずこの両親に聞いていた。

「お父さん、お母さん、教えてほしいの。あっちへ行って何がしたいの?」

夫婦は望みを述べていった。勝のアパートへ行き荷物を引き払ってくること、銀行口座を解約してくること、仲良くしてくれた友達に会って挨拶《あいさつ》をしてくること、そして、勝の亡くなった場所へ行って手を合わせること……。

彼らは遍路に行くつもりなのだ。利恵はそう思った。彼らは勝の面影を追いかけて歩かずにはいられないのだ。

利恵は、両親に代わって彼が生前契約していた携帯電話やアパートなどの、契約解除の手続きを行った。さらに旧知の女性に国際電話をして、こんなことを頼んでいる。

「勝君のご両親がどうしてもそっちに行きたいんだって。申し訳ないんだけど、土日に案内してあげてくれないかな。本当にお休みのところ悪いんだけど……」

彼女は利恵の度を超すほどの面倒見のよさをよく知っている。この時だけが特別ではなく、いつものことだと彼女は言う。

「なんで他人のためにそこまでできるのだろう、と不思議な気持ちになりますよね。だって、そうしているうちにも、どんどん新しいご遺体も帰ってきているはずですから。利恵さんの体は大丈夫なんだろうか、と私はむしろ彼女のほうが心配になりました」

彼女は利恵の頼みを快諾した。

そして両親は現地へ飛んだ。やはり彼らは勝の事故現場に行こうとしたが、利恵の仲間は、「いつかきっと行けるから」と、彼らを説得して引きとめた。ふたりはやっと納得し、事故現場以外の息子と縁があった地を訪ね歩いた。勝が生前食べたであろう料理を食べ、必要な手続きを済ませ、職場の人たちに挨拶をして帰ってきた。

本当は生きている息子に会いたかっただろう。せめて事故現場をその目で見て、勝のために手を合わせたかったに違いない。だが、それでも、現地に行けてよかったはずだ。

映子はぽつりぽつりと話し出す。

「あちらの国にはまだ野良犬がうろうろしていました。それを見てあの子が小学生の頃、うちで飼っていた犬が死んだ日のことを思い出しました。もう犬は年だったんです。死ぬ一カ月ぐらい前から腰が立たなくなってね。勝は心配してつきっきりで背中をさすってやっていました。犬が死んだ時あの子が一番悲しんでいました。すごく優しい子でした。

私、勝のあの日の姿を思い出しながら、きっとあの子も崖《がけ》の下で泣いていたんじゃないかと思いました。あの子の泣き顔が目に浮かびます。勝にはかわいそうなことをしました。あの国で道に迷っていた時も、私は助けてあげられなかったんです」

そう言って映子は涙を落とした。浩二も言う。

「私は、勝が再就職して日本を発《た》つ時に、ちょっと長い手紙を書いたんです。最初の就職に失敗して、次の仕事に就く時の心構えのようなものをね。それから、私たちの子どもとして生まれてきてくれてありがとう、といったような内容を書きました。今度こそ本当の親離れになると思ったからね。一生懸命書いたのでひょっとしたら返事をくれるんじゃないかと待っていたけど、とうとう向こうから手紙は来ませんでした。あいつは返事なんか書く性格じゃないからね。まあ、そんなものかと思っていました。その手紙のことはそれからも何も言わないし、適当に読んでもう捨ててしまっているんだろうと、ちょっとがっかりもしましたよ。

でも、見つけたんです。あいつがいつも通勤に使っていたというデイパックの小さなポケットの中にね。電話連絡網とか、スケジュール表とか、そういうものと一緒に大事に私の手紙を入れておいてくれた。お守りみたいに毎日持ち歩いていてくれた。決して会話の多い親子じゃなかった。誤解も多かったと思います。でも、ちゃんと勝はわかっていてくれたんだ。

返事は戻ってこなかったけれど、勝は私の気持ちをわかっていてくれた。ちゃんと気持ちを受け取っていてくれた。だから勝のアパートに行けてよかった……」

浩二の目から涙が溢れ出す。ポケットから慌てて小さく折りたたまれたハンカチを出してそれをぬぐった。

利恵は、両親が無事に帰ってきてくれてほっとした。たとえ今は息子という希望を失ったとしても、ふたりには元気でいてほしい。

両親は帰国した際、エアハースの事務所まで利恵に挨拶に来ている。そして父親の浩二は利恵の手を握って礼を述べた。

「利恵さんにはありがとうと言いました。本当にいろいろしてもらってありがたいです。家内とずっと勝のいた国を回っていて思ったんですよ。小さい頃からおっちょこちょいで手のかかる子でしてね。私たちはふたりして、ハラハラ、ドキドキしながら育てたもんです。大学も落ちまくってねえ。なのに、一校だけ受かったんでそこへ行ったんですよ。

今回もあの国へ行って、言葉もわからなくてハラハラしてドキドキしました。でも、思ったんです。心配させられて苦労をさせられることが、私らにとっては勝の一番の親孝行でしたよ。日本に戻ってきて、ああ、もうあいつのことを心配することがないと思うと、無性にさびしくてね。

勝がいて楽しかったね。苦労して心配してあの子は親不孝だとぶつぶつ言うことができて、楽しかったです。あいつはホントに最後の最後まで親不孝でしたよ。……ホントに、親不孝の孝行息子でした」

そこまで言うと彼は声を上げて泣いた。

人ひとり分の存在は大きく、不在は決して埋まらない。

心配ばかりかけた親孝行の息子は、ふたりの老いた親を置いてひとりで先に永遠の旅に出てしまった。

新入社員

1

都内の有名私立大学を卒業してすぐ、エアハースに入社してきた青年がいる。川崎慎太郎だ。取締役の利幸の下で働き、仕事を覚えている最中の二三歳。処置房で道具を洗い、棺《ひつぎ》を片づけ、もろもろの事務をこなしと、実に体がよく動く。細身の体にスリムスーツが似合った。アパレルメーカーや広告代理店に勤めているといっても通りそうな、しゃれた外見をした、爽《さわ》やかな青年だ。

彼は「いってきます」と一声かけて事務所を出ると、貨物ターミナルにある駐車場へ行き、処置車の中で道具を片づけ始めた。駐車場には霊柩専用の白いエスティマの他に二台停めてある。一台は薄青いマイクロバスで、遺体が一体なら、そこで処置が行われる。隣にはもっと人型の処置車がある。巨大なトラックで、夜明け前の空のような深みのある紺色をしている。

後ろの扉には、柩《ひつぎ》を運ぶふたりのエンジェルの絵があしらわれており、そこにAngel Freightと横文字が書いてある。——天使が運ぶように優しく運ぶ——それを見てもまさか霊柩車だと気づく人はいないだろう。freightは「貨物」という意味でフレイトと発音するが、木村利恵は亡くなった人が翼に乗って旅をするのが「天使のフライト」のようだと、国際霊柩送還のことを「エンジェルフライト」と呼んだ。

トラックの運転席側のドアには「霊柩限定」と小さく書いてある。だが、これが遺体を運ぶ車だとは思えない。この東京には一般に知られていない特殊な車があり、そこで遺体の処置が行われている。誰がこんな車があることを想像するだろう。

「かっこいいですね」

私が思わず声を上げると、「そうですね」と慎太郎が微笑《ほほえ》む。ふたりともそれが処置車であることをしばし忘れた。

この車には八つの柩が積載可能だ。荷台はステンレス張りで、手術室のような造りになっており、収納式の処置台が二台備えられている。蛇口がついていて、天井には換気設備と柩を移動するための滑車がついている。

以前、スマトラ沖地震では相次いで遺体が帰ってきた。利恵は可能な限り早く家族のもとへ帰してあげたいと思ったが、当時の車ではスペースの都合で効率が上がらず、歯がゆい思いをした。そこでその後、利恵らが自ら設計をして、この車を新調したのだ。

しかし東日本大震災にも間に合わなかった。利恵にはそれが無念だった。

彼は修復に使った筆を駐車場に隣接する処置房に持っていき、水洗いし始めた。色白の手がみるみるうちに真冬の水で赤くなる。

川﨑慎太郎がインターネットでエアハースを見つけ、応募したのはまだ大学在学中のことだった。利恵はその時、慎太郎のことをこう思ったという。

「ずいぶん変わった子が来た」

彼には一点だけ人と異なっているところがあった。彼は就職を希望する動機をこう述べたのだ。

「ご遺体の処置に興味があるんです」

正確に言うなら、こんな枕詞《まくらことば》がついていた。

「不謹慎だと思われるかもしれませんが、私はご遺体の処置に興味があるんです」

利恵はそれを聞いて思わず利幸と顔を見合わせた。彼らは、何の屈託もなく遺体の処置に興味があると言う人間にかつて出会ったことがなかった。

エアハースには過去何人もの若者が来ては辞めていった。かつて、利恵が有望だと見込んだ青年がいた。「この子なら」という気持ちで仕事を教え込み、鍛えた。だが、やはり研修期間の終了する三カ月目に、彼は辞表を出した。

「どうしても続けることができません」

理由を聞くと、涙をにじませてこう答える。

「ご遺体を落としたらどうしようっていう不安が頭から離れなくなって、毎晩のように夢に出てくるんです」

それまで彼は平気な様子で遺体の処置をしていた。だがある日のこと、彼は柩から遺体を出そうとしてよろけてしまう。大事な遺体だ。落とすまいとしたのが裏目に出たのだろう。彼の体に遺体がのしかかってしまった。体に怪我《けが》はなかった。だが、彼はその重さをもろに「心」に受けてしまったのである。理性で蓋《ふた》をして、今までなかったことにしてきたさまざまな感情がどっと溢《あふ》れ出して、新人だった彼を苦しめたようだ。

利恵は彼が辞めるのを引きとめなかった。こうなってしまうと続けるのは無理だとわかっているからだ。


だから慎太郎が来た時も、利恵は慎重な姿勢を崩さなかった。

「お父さん、お母さんはここで働くことに何て言っているの？　私たちは大歓迎だけど、もう一度よくご両親と話し合っておいで」

慎太郎は「わかりました」とうなずいていったん家に戻った。そして再び、意志は変わらないと言って戻ってきた。

「父も母も『慎太郎がその仕事に就きたいなら賛成する』と言ってくれました」というのだ。

葬儀関係の職業は昔から差別の対象でもあった。映画『おくりびと』の原案になっている青木新門の『納棺夫日記』では、体を求めた妻に「穢《けが》らわしい、近づかないで！」と言われたという記述があるし、冨安徳久著『ぼくが葬儀屋さんになった理由《わけ》』は、冨安が葬儀社に勤めていることを理由に結婚が破談になったシーンから始まっている。

だが、慎太郎の両親は「公序良俗に反する職業でなければ反対しない」と賛成している。時代は変わりつつあった。利恵は自分の仕事に誇りを持っているし、差別など感じたことがない。世の中に差別があるということ自体、意味がわからなかった。だからこそ余計に慎太郎の両親の言葉に利恵は感じ入るところがあった。

そうはいっても、実際の仕事は厳しい。映画『おくりびと』などただのファンタジーだと利恵は言う。あれを見て現場があゝいうものなのかと考えてもらっては困ると思っていた。

「慎太郎君。冬休みにちょっと研修に来てみてごらん。実際は考えているほど生やさしいものじゃない。それでも大丈夫そうなら、うちで正社員として働いてもらうから」

慎太郎は最初の処置に立ち会った時、利恵にさんざん脅かされた。しかし、遺体を見ても平気だったと記憶している。ただ、不思議なことに、最初の遺体がどんな人だったか具体的な記憶はほとんどない。それからも毎日のように空港に遺体は到着する。慎太郎は利幸のアシスタントとして働きながら必死になって仕事を覚えていった。そして研修期間を過ぎた今も働いている。

彼は利幸を尊敬していた。なにしろ利幸の処置をしている姿は何かに憑《つ》かれているようだというのだ。彼の手にかかれば、生きている時についていなかった傷は完璧といっていいほどにきれいに隠れた。感動する、というと不謹慎だと思われるかもしれない。だが彼にとってそれはまさに感動に値するものだった。

処置を施された遺体は、みるみるうちに血色のいい自然な顔色に戻り、わずかに微笑みをたたえた唇は、今にも何かをしゃべり出しそうに見えた。それを見て慎太郎の心は震えた。まるで故人が甦ってくるかのようだったのだ。〈利幸は人を救っている〉、と慎太郎は思った。遺族もずいぶん慰められるだろう。だが、何よりも亡くなった人を助けているのだと慎太郎は心の底から思った。

慎太郎にとって死とは何か？

「うーん。死ってなんでしょうね……。ご遺体を怖いと思ったことはありません。そうですね、死は『すぐ隣にあるもの』でしょうか。死は非日常だなんて言うけど、そんなことはありません。どんなところにも転がっているし、次の瞬間にも、どうなるかはわからないと思っています。でも、もちろん身近な人の死は怖いですよ。家族や親しい人が死んだらと思うとすごく悲しいです。飼っている金魚が死んだって悲しいし……」

慎太郎は研修を積んで、さまざまなことを覚えていった。

「ご遺体には、生きている人と同じように接するようにと言われています。ご遺体をまたいではいけない。柩を床に置くのは生きている人を床に寝かすのと同じだからしてはならない。動かす時には必ずご遺体に声をかける。そんなことを教えてもらいました」

慎太郎は、初めて遺体の処置を任された時は嬉しかったという。スタッフたちの手元を見ていると、それぞれの個性が表れる。彼は日本画の絵師のように、実に繊細な処置をする。遺体の目や口は開いているとつらそうに見えてしまう。そこで目の中には専用の器具を入れて瞼《まぶた》が閉じるようにきちんと形を整える。開いている口は顔の筋肉をほぐして閉じさせ、できれば微笑みを浮かべている状態になるようにと唇に微妙な調節を施す。

後頭部については、髪の中に指を入れて少しずつすべらせながら、開いている傷がないかを感触で確かめていく。解剖痕がある場合には髪も血液で汚れている場合が多い。血液で固まっている頭髪にきれいに櫛《くし》を入れながら、洗髪をして整える。また、解剖された場合には、頭蓋骨《ずがいこつ》の上部は皿のように水平に切り取られるが、まっすぐ切り取ると寝かせた時にずれてしまう。そこで、このことを知っている医師は頭蓋骨を切り離す時に直線ではなくL字に切り込みを入れるのだが、国によっては、そういう技術を知らずに解剖してしまう場合もある。その場合は、頭蓋骨のずれをもとに戻した。

そして最後の仕上げとして入念な化粧を施していくのである。彼は自分の睫毛《まつげ》と遺体の睫毛が触れ合うのではないかというほど顔を近づけ、化粧を載せて修復していく。その恍惚とした表情は、恋人を見つめる若者のようだ。

だが慎太郎は、処置車を出たとたんに、その人の残像を記憶から消してしまうようだった。それは上司である利幸も同じだ。誰の顔も処置のあとはよく覚えていないという。最初は不思議に思ったが、気づいてみれば私も同じだ。取材が終われば、遺体の様子を思い出すことはない。たぶん、精神の防衛機能が働いているのではないだろうか。記憶はどんどん上書きされて、故人の遺体としての姿は頭から消えていく。

反対にドライバーの古箭厚志は、どういう人が来たのかよく覚えている。遺族がどのように嘆いたか、生前どんな人だったと語ってくれたかまでよく記憶していて、それを思い出しては涙を流す。だから彼は積極的に遺体の処置には関《かか》わろうとしなかった。感情を溢れさせたまま処置に携わるのは、心が「もたない」と、本人がよくわかっているのだ。古箭は処置の時にはあくまでアシスタントとして動き、ドライバーの職務を全うした。

利恵は「物語」を付着させたままで、遺体の処置に臨めるタイプだ。遺体には「○○さん」「○○ちゃん」と何度も名前を呼びかけながら処置をする。利幸や慎太郎が、無心で処置に臨むのとは異なっていた。利恵を見ていると、出産をする性は死にも強いのではないかと思えてくる。生と死はかけ離れているようでどこか似ているところがある。この仕事は産婆《さんば》によく似ていた。この社会の一員として産み落とされる時、父でもなく母でもない、誰か他人の手によって取り上げられ、母親の胸に受け渡される。これは死も同じだ。遺族ではできない処置をして家族の腕へ帰される。彼らは死の現場における産婆だった。

2

エアハースは職人集団であり、疑似家族である。利恵の言動には人間を丸ごと鍛えようという気持ちが感じられた。だが、プライベートな時間を重視する今の風潮においては、こういう働き方を敬遠する若者も多いだろう。使命感がなければ、すぐに挫折《ざせつ》してしまうような職場だ。

エアハースに遺体を運んでもらったことのあるNPOの職員も、現場の利恵の姿を見て、「いやあ、彼女の部下はずいぶん叱《しか》り飛ばされていました。僕があの会社にいたらちょっと務まるかどうか……」と苦笑する。私が取材に入ってからも、自分のペースを捨てきれない研修社員がふたりほど姿を消した。どうしても要領のつかめない人間はいる。遺族にとっても研修社員にとっても、早く決着がつくのは結果的にはいいことだったのかもしれない。

「私の尊敬する葬儀屋はね、『たとえ柩の中の手の形ひとつでも、ああ、お父ちゃんだってわかるような葬儀を挙げてやるのが本当の葬儀屋ってもんだろう』って、言うんだよ。『最高の葬儀を挙げるためならどんな骨惜しみもしない。魂を込めれば必ず通じる』ってね」

彼女は、社員にまるごと「魂」を差し出せと要求するような厳しさで教育している。妥協は一切しなかった。

「そうじゃないだろう。何やってんだよ！」

一日に何度も怒鳴られる新入社員の慎太郎も、最初のうちはだいぶ苦労したようだ。

「慎太郎、自分の頭でよく考えろ！」

慎太郎はサラリーマンの家の子だ。この厳しい仕込み方には慣れていなかった。

息子の利幸は、社長の教育をこう言う。

「俺《おれ》は小さい頃から、ああやって育てられたんですよ。社長が何か持ってこさせるでしょ？　たとえばペンチだったり、電球だったり……。それで『これ、どうするの？』って聞こうものなら叱り飛ばされる。『そんなもん、冷蔵庫に入れるはずないだろっ！

いちいち聞かずに頭使って考えろ』ってね。いつもたとえが『冷蔵庫に入れるはずない』ですよ。ほんとあの人、言葉にバリエーションがねえなあって思うんだけどね」

利恵はマニュアル反対論者である。

「死亡した原因もみんな違うんだよ。マニュアルに従っていても人の気持ちはわかんないよ。遺族ってね、みんな違うんだ。顔色を見て、何が必要なのか、どんな気持ちなのかって推し量ることができなきゃだめなんだよ。本当に困っている人がどんなことを望んでいるかなんて誰にもわかんない。だからこそ気がきく人間じゃなきゃだめなんだ」

何か、ひどく懐かしい正論を聞いたような気がする。慎太郎は叱られることの多い日々をどう思っているのだろう。

「怒られているということは、見込みがあると思ってもらえているんだと思います。怒られなくなったら終わりですからね。頑張っています」

あくまで前向きだ。だが遺族への対応も含めて自分が気がきく人間かというと、慎太郎は不安になるという。

「最初のうちは覚えることも多かったですから、ひとつ怒られたことに集中していると別のことを忘れてしまうんですよ。すべてのことに目配りしようと思っていると、今度は頼まれたことを忘れる。何か頼まれて倉庫へ物を取りに行くでしょう？　頼まれた物をただ持ってくると叱られるんです。『慎太郎！　ついでに用事を済ませてくるんだよ！』ってね」

しかし、利恵の言うことは確かに筋が通っていると慎太郎は思っていた。ある日、役所から死亡証明書を取ってきた慎太郎は、利恵に呼ばれこんなことを言われた。

「慎太郎、この書類はなんだ？」

いったいなんのミスをしたのだろう。怪訝《けげん》に思っていると、利恵は死亡証明書の備考欄を指さした。そこには鉛筆で電話番号の走り書きがしてあったのである。それは慎太郎が書き込んだものだった。

「あっ」と思ったがもう遅かった。

「この書類はね、○○さんの人生最後の書類なんだ。もう、○○さんは二度とこの世で書類を作ることはないんだよ。そんな大切なものを汚すんじゃないよ！」

慎太郎は打ちのめされたが、感動もしたのだ。

「そんなこと、思ったこともなかったんですよね……。でも、そうやって怒られた時には、なるほど、そういうことを思うんだ、って感動しました。そんなところまで社長は亡くなった人のことを考えている。僕なんか、まだまだだなと……」

慎太郎は口にこそ出さないが、何度かこの会社を辞めようと悩んでいた時期があるようだ。

利恵は言う。

「慎太郎は息子のようにかわいいよ。この仕事に使命を感じて自ら飛び込んできた。いいご家族にも恵まれて、まっすぐ育ってきた心根の優しい子だ。だから、早く仕事を覚えてもらいたいんだよ」

利幸も当時の慎太郎の様子を心配していた。

「叱るっていうのは、一人前になってほしいという願いなんですよ。『もう、ここらへんでいいや』と思ってもらいたくない。だから叱ります。霊柩車の汚れが残っていたら、必ず指摘してもう一度掃除させます。だって亡くなった方は、汚い霊柩車で運ばれたくないでしょう？」

空港関係者によると、葬儀関係者にはモラルのない人たちもいるという。霊柩運送事業は国土交通省による認可制で、他人に依頼されて霊柩車以外で遺体を運ぶのは違法だ。だが中には窓にスモークも貼《は》っていないハイエースで遺体の搬送に来る業者もいる。外から柩が丸見えの自家用車だそうだ。複数の遺体が帰ってきたケースでは、レンタカーで搬出が行われたこともあったという。レンタカーで遺体を運ぶというのは、レンタカー業者にとっても、次にその車を借りる者にとっても気持ちのいいものではない。人の目が届きにくい仕事であるだけに業者自体の倫理が問われる。人間は堕落する生き物だ。相手がもの言わぬ遺体だけに、いったん気が緩めば際限なくだらしなくなってしまう。だから社員には徹底的に厳しく教育をする。それが利恵と利幸の方針なのだ。

慎太郎は先日も叱られた。書類を挟んだバインダーを何気なく柩の上に置いたら、利幸から厳しく叱責《しっせき》されたのである。

「自分が寝ている上に何かを置かれたらどうだ？」

その通りだ、と慎太郎は思う。そしてまた自分の思いの至らなさに反省をする。

慎太郎が私のような部外者に弱音を吐くことはない。だが、休みの日の過ごし方を聞いたら、彼の心が少し見えた気がした。彼はひとりで動物園に行きシマウマの檻《おり》の前のベンチで、ぼーっとシマウマの縞模様《しまもよう》を眺めていたというのだ。

「どうしてシマウマなんですか？」

「……いいえ、あの縞模様がきれいで。キリンの模様も好きです。あれはいつまでも眺めていられますね」

「あの、もしかしたら、ちょっと疲れているんじゃないですか？」

「いいえ、大丈夫です」

「本当に？　辞めたいと思ったことはない？」

「いや、ないです。……でも、利幸さんが機会を見つけて、悩みを聞いてくださったり、古箭さんがバカ言って笑わせてくれなかったら、務まらないかもしれませんね。こんな仕事だから深刻になっちゃうとつらいと思いますよね」

しかし、いったい「気を配る」とはどういうことか、慎太郎が本当の意味を知るのはそれからだ。

ある夜、とうとう慎太郎は高熱と下痢で倒れてしまう。早朝、深夜と立て続けに遺体が入ってきて休む暇もなかったし、体力も限界だった。慎太郎が親元を離れて、ひとり暮らしを始めてからもうすぐ一年になる。だるい体をもてあましてぐったりしていると、夜も更けた頃に玄関の呼び鈴が鳴った。こんな夜中に誰が来たのだろうと不審に思うと、暗い廊下に利幸が佇《たたず》んでいた。

「よう、体の具合はどうだ？」

仕事上がりだったのだろう、わざわざ立ち寄ったのだ。

「大丈夫か？　これ食え」

利幸が差し出したのはスーパーのレジ袋だった。

「じゃ、大事にしろよ」

口数の少ない利幸はすぐに帰っていった。その袋は、慎太郎の具合を心配した利惠と利幸が相談して用意したものだった。

慎太郎は玄関にひとり残された。

レジ袋を覗き込むと、中には食べやすく切られた野菜と魚が入っている。鍋《なべ》にでもしろというのだろう。忙しいさなか、慎太郎の食べ物の心配をして足を延ばしたのだ。具材はもう火を通せばいいだけになっていた。

慎太郎はこう思った。

「……やっぱ、かなわないな」

だが、青年期特有の逞《たくま》しさで、私が取材をしている間にも彼はみるみるうちに頼もしくなっていった。最近は下に新しい研修社員も入ってきて、指導する立場になった。そして気づくと一年前に教え込まれたことを後輩に言っている自分がいる。

「倉庫に行く時には、ほかの用がないかどうか、自分の頭で考えて……」

慎太郎は言う。

「この仕事は誰でもできる仕事じゃありません。熱意を持って処置にあたることのできる人も数が限られているでしょう。ご遺族に喜んでいただけると思うとやりがいもあるし、ご遺体の処置がうまくできるとすごく嬉しいです」

calling（召命、天職）という言葉がある。本当に自分に向いた仕事には「呼ばれる」のだ。

「ご遺体の処置に興味があるんです」とやってきた慎太郎は、社会の偏見に惑わされることなく、自分を呼ぶものに対してオープンだった。そして慎太郎は今、自分がここで働いている意味を見つけつつある。


ある日、登山で遭難した青年が遺体となって帰ってきた。

山から降ろすとどんどん状態が悪くなっていった。

柩の中を見ると、遺体はナイロンの納体袋に入っていたが、体の半分が漏れ出た体液の中に沈んでいる。遺体には頭蓋骨の陥没と腕の骨折が見られた。

柩の中から遺体を出す。

傷口は胴体の真ん中をまっすぐに走っている。しかし、縫合はずさんだ。皮膚は新聞を縛る時に使う緑色のビニール紐《ひも》で雑に縫われて結ばれていた。傷口には土が入り込み、服には大きな蛆《うじ》が蠢《うごめ》いている。

利幸と慎太郎は遺体に縫いつけられたビニール紐を丁寧に皮膚から取り払う。皮をめくり、中に入っている土や草、そして蛆をきれいに水で洗い流す。

脱脂綿に防腐剤を染み込ませて傷の中に貼る。その上にめくった皮をきれいにかぶせた。

「慎太郎、やってみるか？」

「はい」

初めて人の皮膚を針で縫うことになった。エアハースでは遺体修復の承諾を、家族に書面で前もって取っておく。家族との無用のトラブルを避けるためだ。

一針入れる。皮の感触は思ったよりも硬い。こんなにも人間の皮膚には脂が多いのか。

慎太郎は驚いた。慎重に作業を進めていく。傷はどんどん塞がっていった。

傷口がきれいに縫われ、それが閉じるとひとつ苦しみが消え、ふたつめの傷口が塞がるとふたつめの苦しみが消える気がした。傷は亡くなった人の苦しみであるようにも、遺族の苦しみであるようにも思われた。

慎太郎は、亡くなった人にも手当てが必要なのだと思う。

縫合痕を肌色のテープできれいに覆っていく。

ずれた頭蓋骨はもとの位置に戻し、骨が出ているところは防水シートを巻いて、その上から包帯で留める。

顔色は黒く変色しており、顔の一部が欠けている。修復剤で丁寧に傷口を埋めて形を直すと、専用のファンデーションで色を調えた。目もとと口もとの修復には特に時間をかける。鼻の脇《わき》、目じりの皺《しわ》、耳の中は忘れやすい部分だ。細かいところに注意を払わなければならないというのは、いつも利恵や利幸に言われている。

眉間《みけん》に皺が寄っているのを少しずつ指でほぐしていく。皺が次第に消えていった。青年の表情が和む。慎太郎の顔も緩んだ。

新しい棺に移し替えようと遺体を抱きかかえて、慎太郎は遺体の声を聞いてしまう。囁《ささや》くような声だった。慎太郎はびくっとして、利幸に声をかけた。

「……今、ご遺体が何か話しました」

「気のせいだろう」

アシスタントに入っていた古箭も取り合わない。

「でも……確かに今……」

また持ち上げようとするとクッという微《かす》かな音を立てて遺体が鳴った。

「やっぱり、何か言いました！」

利幸が答える。

「ああ、……時々ご遺体は音を立てるんだよ」

防腐処理の液体が完全に乾いていなかったり、体液がたまっていたりすると、遺体は時々鳴るのだという。声を上げるのだ。遺族にとってはたまらなくさびしい声だ。

「これ詰めて」

利幸が慎太郎に長細く切った脱脂綿を渡す。慎太郎はピンセットで脱脂綿をつまむと、ぐっ、ぐっ、と鼻腔《びこう》の中へ詰め込む。脱脂綿はどんどん奥に入っていった。

「まだ入る。もっと入れて」

鼻に大量の脱脂綿が入れられるのを見て、古箭は痛そうに自分の鼻を押さえた。遺体の中には真っ暗な空洞があった。

慎太郎はだしぬけに悲しくなった。

「出して」

利幸の合図とともに慎太郎がピンセットを持ち上げると、ずるずるっと音がして、体液でぐっしょりと重くなった脱脂綿が出てきた。それは真っ赤に染まっていた。

鼻腔に真新しい脱脂綿を詰める。防腐剤が揮発して遺族の健康に影響を与えないように、脱脂綿で蓋をするのだ。

作業を終えると、処置車の中は静けさにつつまれた。

そこには、立派な青年が眠るようにして横たわっていた。

「さあ、帰りましょうか」

棺に納めると、その体に、両親がこの日のために用意したという真新しい日の丸の旗をかける。夢に散った若き青年の船出の準備が整った。彼はとても穏やかな顔をしていると慎太郎は思った。

だが、亡き人はもう二度と何かを語ろうとはしなかった。

「国際霊柩送還」とはなにか

海外の事件や事故で邦人が亡くなると、まず現地では、警察による検死や遺族による本人確認が行われる。その後、さまざまな書類上の出国手続きが取られるとともに、現地の葬儀社やエンバーマーが適切な処置をして遺体を飛行機に乗せる。搬送業者は日本に到着した遺体に必要な処置をして、自宅や葬儀社へ送り届ける。

日本で外国人が亡くなった場合は、専門のエンバーマーが防腐処置をするとともに、役所などで必要な手続きを取り、搬送業者が故国へ送り出す。簡単に述べるとこの一連の作業が「国際霊柩送還」の内容である。

「国際霊柩送還は厳しい現場なんですよ」

ある領事が、そう語ってくれた。

「海外といえば、一般的には観光やビジネスで行くものでしょう？　海外旅行に行くことがわりと珍しくなくなった今でさえ、やっぱりみなさん普通は幸せなイメージを抱いているんです」

海外で不幸があった場合、遺族に訃報を伝えるのは、同じ職場の同僚であったり、旅行会社だったりとさまざまだが、時にはその役割を領事が担うこともある。

「私たちが第一報を届ける時は、ご遺族の感情にじゅうぶん配慮しているつもりです。でもね、突然の電話をご遺族はたいてい信じてくれません」

急に、こんな電話がかかってきたらどうだろう。

「もしもし。実は息子さんが、事故に遭われて……」

家族のほとんどがその電話を信じない。まず十中八九、「振り込め詐欺」ではないかと疑うそうだ。領事館には東京の市外局番〇三ナンバーからかかるラインもある。その番号だとなおさら遺族は信じない。

「私たちだって、いっそのことそれが振り込め詐欺だったらどんなにいいだろうと思いますよ。でも、このつらい現実をお伝えしなければならない。どうしても信じてもらえない時はこう言うんです。『どうか落ち着いて。この電話をいったん置いてください。そして、外務省にかけて確認してみてください』って」

遺族との電話を切ってしばらくの間沈黙が続くと、それがまたやりきれないという。

「ああ、さっきのご家族は今頃電話が本当だとわかっただろうなあ、と思うんです。さぞかしおつらいだろうと。あとはただ、ご遺族をしっかり助けていくだけです。私たちにできるのはそれだけですから」

遺族は受け入れがたい知らせに、「間違いであってほしい」と願いながら現地へ行き、変わり果てた故人と対面をする。その衝撃の大きさは想像に難くない。

さまざまな事情から、遺体ではなく、遺骨になって日本に戻る場合もある。その時は遺族の納得のいく形で荼毘《だび》に付されなければならない。海外だからといってきちんとした形で弔うことができないと、遺族は一生苦しむことになってしまう。

二〇年以上前の中国の列車事故で、娘が遺骨になって帰ってきた母親は、今も娘の死が信じられず、遺骨が別人のものではないかという考えを捨て切れずにいる。遺体の損傷が激しく、本人が亡くなったのだと認めることができぬまま、娘は現地で荼毘に付された。二〇年以上前のできごとなのに、母親にとって娘はいまだに死者にならない。「どこかで、『お母さん、助けて、助けて』と言っているような気がする」というのだ。彼女の心の中では、娘は中国で列車に乗ったまま、旅を続けている旅行者なのだ。

死別の悲しみを癒《いや》す過程を記したエリザベス・キューブラー・ロスとデーヴィッド・ケスラーの共著『永遠の別れ』（上野圭一《うえのけいいち》訳）の中にはこのような一節がある。

「われわれがかかえる問題の多くは、決着がついていない悲嘆、癒されていない悲嘆から生じている。自分の悲嘆をうまく経過させることができなかったとき、われわれはこころとたましいを癒す機会を失うのである」

遺族にとって遺体との対面は大変な苦痛を感じるできごとだ。それでも「きちんとお別れができていたら結果は違った」と、母親は述べている。

エアハースへの依頼は、大きくふたつのケースに分けられる。保険ケースとプライベートケースだ。海外で亡くなった人が、海外旅行傷害保険に加入していたり、海外旅行傷害保険付きのクレジットカードを所有している、あるいは勤務先がアシスタンス会社と契約している場合には、アシスタンス会社は保険で国際霊柩送還を請け負う。そしてそのアシスタンス会社が遺体搬送業務をエアハースに依頼するのである。

保険に入っておらず、個人で遺体を連れて帰りたいと思っている人々からも、エアハースに連絡が来ることがある。それについてエアハースではプライベートケースとして対応している。

もちろん遺族が自ら手続きをしてもいいのだが、不可能とは言わないまでも、かなり難しいようだ。中でも難しいのは、遺体が国境を越える際の手続きだ。

日本では想像しがたいが、悪質な業者が、棺の中に武器や麻薬を入れて運ぶこともあるだろうし、遺体と一緒にそれらの禁制品を忍ばせて密輸することも考えられる。海外に潜伏している犯罪者やテロリストが、身代わりの遺体を棺に詰めて本国へ送り出し、死んだことにして逃げおおせる、などということもあるかもしれない。また、伝染病で亡くなったものではないという証明も必要だ。これらのことを踏まえると、手続きにはさまざまな証明書を揃えなければならないことがわかる。しかも、書類は国によって異なってくるし、手続きの際に使用される言語もさまざまだ。

傷害保険に加入していない場合、遺族にかかる負担は決して小さくない。実情を知れば、保険に入らずに海外旅行に行くことが、いかにリスクが高いか理解できるはずだ。

そして、国際霊柩送還の重要な仕事には遺体や遺骨の処置がある。

前提として、公衆衛生上の観点からエンバーミングしていない遺体は航空機で運べないのが原則である。遺体には、現地を離れる時点で必要な処置が施してあり、日本到着後の処置は必要ないとも考えられる。だが航空機で遺体を運ぶ場合には、気圧が遺体に負担をかける。

ＪＡＬのサイト内の「ＪＡＬプライオリティ・ゲストサポート」によると、航空機は離陸後少しずつ高度を上げ、高度約一万メートルを音速に近い時速約九〇〇キロメートルで飛行する。水平飛行中の高度における機内気圧は約〇・八気圧程度で、標高約二〇〇〇メートルと同じ環境であるそうだ。

このように気圧が低下すると、体内のガスは膨張する。医学書「メルクマニュアル」

によると、ジェット機の機内における体腔《たいこう》内の遊離ガスの膨張率は約二五パーセント。生体の場合は筋肉の収縮が働くので体液はコントロールの範囲内だが、遺体の場合にはこのガスの膨張により体液が漏れるなどの不具合が生じることになる。

さらに遺体は、海外から長時間かかって運ばれる。エンバーミングをしっかりしていないと、たとえ最後の一瞬まで幸せに笑って、死んでいったとしても、日本に戻ってくるまでには色素の酸化により顔色が変化して苦しそうに見えてしまうことが多い。

利恵に聞くとさまざまな業者があるという。中途半端なエンバーミングで遺体を送り出す事例はあとを絶たないそうだ。さらに細かい気遣いに関してはまったく保証の範囲ではない。ドライアイスだけ詰めて、それで終わりとする業者さえいまだに存在している。

送り手の文化的な背景もある。遺体に対する考え方や宗教、習俗も影響し、エンバーミングの技術はまちまちなのだ。

アメリカではエンバーマーはライセンス制だ。アメリカのエンバーミングの水準は高く、各国と比較して最もいい状態で帰ってくる。アメリカでエンバーミングが広く普及することになったのは、南北戦争の頃（一八六〇年代）で、死者を搬送する必要があることから一般的になった。アメリカは国土が広いため、遺体を搬送するだけでなく参列者が葬儀に到着するまでにも時間がかかり、さらにほとんどが土葬されるという埋葬事情から、伝染病の蔓延《まんえん》を防ぐために九〇パーセント以上の遺体にエンバーミングが施されている。

日本、韓国にもアメリカでライセンスを取ったエンバーマーがいて、遺体搬送に貢献している。日本におけるエンバーミングの歴史は一九七〇年代に導入されたのが最初だが、九九パーセントは火葬にし、遺体にメスを入れることを避ける日本においては、アメリカほど一般化されていない。ギリシャやイタリアでは、エンバーミング技術が未熟な場合が多く、インド、ネパール、スリランカなどは、処置そのものがおざなりなことが多いという。一部アジア地域の遺体の保存状態の悪さについては、遺体に対する考え方や文化的な違いからではないか、というのは現場で働いている人たちの感想である。

さらに遺体が国境を越える際、現地におけるさまざまな事情も壁になる。捜査や解剖の遅れがあったり、現地の交通事情、政情などが混乱していたりと、その国の情勢が大きく関係してくるのである。陸路、海路、空路、いずれの交通機関で運ばれてくるかによっても状況は異なるし、日本に着いてからもさらに国内搬送がある。

いずれにしても長い距離を運んでくる以上、たくさんの人間の手を経て家へ戻される。亡き人が家族のもとに無事に戻るのは、関係者たちの、なんとかして家族と対面させてあげたいという素朴な気持ちに根ざしているところが大きい。

誰もが人の子だ。親や子どものもとに故人を帰したいという想いは国境を越えて万人に共通する。現地の警察や病院、葬儀社から始まる長いリレーを経て、故人はやっと家族の腕の中へ戻ってくるのである。そのラインを結びつけるのが利恵の仕事だ、と言えるだろう。

タンザニアの葬儀社、コロナ・フューネラルのラファエルは八年前に利恵が一度仕事を依頼して以来の仕事仲間で、地球の裏側の利恵とは電話やメールを通じて一緒に仕事をしてきた。その彼が、アジアフューネラルエキスポ（開催地・香港）のエアハースのブースを覗きにわざわざ単身でやってきた。ふたりは、顔を見た瞬間に大きな声で名前を呼び合い、がっちりとハグをしたという。利恵はそこに出展していたさまざまな国の国際霊柩送還の会社に彼を紹介し、それに恩を感じた彼はそれ以来、古い友人のように利恵や利恵の娘、桃と付き合っている。

タンザニアは世界有数の観光地を擁するが、特に有名なのは、アフリカ大陸最高峰のキリマンジャロである。登山者は標高五八九五メートルのキボ峰あたりで遭難することが多い。キリマンジャロから遺体を降ろすのは難しいが、雪崩《なだれ》によって運よく遺体が回収できたこともあったという。これをラファエルがシップアウト（ship out）する。棺はハンドメイドの素朴なものだ。船出《シップアウト》とは遺体を海外へ送り出す時にしばしば世界で使われる言葉だ。日本では三途《さんず》の川の渡しというが、海外でも死者は舟に乗る。送り先は利恵のもとだ。

「死は怖くないよ」

とラファエルは言う。この仕事をしているとだんだん死が怖くなくなるそうだ。

「みんないつかは死ぬ。とても自然なことだ。でも家族は地球のいろいろな場所で待っている。だから私たちは一生懸命送り届ける」

そして言うのだ。

「キリマンジャロで亡くなった人はみんな僕が運んであげるよ」

日本から遠く離れた国にも葬儀社があって、時間の経過とともに朽ちていく遺体をエンバーミングして時を止め、家族の記憶のままの姿で故郷へ届ける。ほんの十数年前には考えられなかったことだ。国境を越えて人と人とが協力し遺体を運ぶ。国際霊柩送還とは、ひと昔前なら奇跡と思われていたようなことを実現する仕事なのである。

家族にとって遺体を故郷に連れ帰りたいという願いは切なるものなのだ。今の日本で、死後の世界について問えば、魂の存在を信じていると言いきる人は少ないだろうし、生まれ変わりや神の存在についても肯定する人はそう多くないだろう。だが、はたして私たちは本当にそう思っているのだろうか。

遺族を見ていると、私たち日本人の多くがそれほどドライではないことに気付く。もし家族のひとりが異国で命を落としたら、遺体がどんな状態であってもかまわない、一部分であってもいい、戻ってきてほしいと願うのではないか。亡くなった人が異国で「さびしがっている」と思い、日本に「帰りたがっている」と感じるに違いない。

人々は、死後の世界などはないと口では言いながらも、亡くなった人の心は亡くなったあともまだ存在しているとどこかで信じているのだ。身内の死を前にすれば、日頃漠然と考えている「死」はただの抽象概念でしかなく、頭で日頃思っていた「死」とかけ離れていることに気づくのだ。葬送は、理屈では割り切れない遺族の想いに応《こた》えるために存在しているのであり、エアハースをはじめとした世界中の国際霊柩送還の事業者は、遺族の願いをかなえるために働いているのである。

Angel Freight

創業者

1

遺体が空港に到着すると、エアハースはまるでテレビドラマで見た救命救急室のようにあわただしくなる。一秒でも早く、丁寧に。それが彼らの使命のようだ。

突然の悲報を受けた遺族は精神的にも極限状態にある。社員たちに求められていることは、できる限り早く故人を遺族のもとへ帰すことだ。遺体が戻ってこない限り、遺族は消耗し続ける。もちろん遺体に対面したら別の悲しみに打ちひしがれることになるのだが、それでも遺族は帰りを待っている。

午後一〇時に遺体が戻れば、そこからすぐに処置を始め霊柩車に乗せて送り届ける。朝の五時に遺体が戻れば、電車が動く前に出社して処置にかかる。処置に要する時間は一時間半から二時間ぐらいだ。遺体が丁寧に扱われていなければ、遺族には消えない心の傷が残る。見えないところまで神経を行き届かせた完璧な処置が常に求められている。

日本に「死生学」という概念を紹介し、「死の準備教育」を提唱しているアルフォンス・デーケン博士は、著書『死とどう向き合うか』の中で、家族を亡くした遺族の悲嘆のプロセスについて一二段階に分けて説明している。

①精神的打撃と麻痺《まひ》状態　②否認　③パニック　④怒りと不当感　⑤敵意とルサンチマン（恨み）　⑥罪意識　⑦空想形成、幻想　⑧孤独感と抑うつ　⑨精神的混乱とアパシー（無関心）　⑩あきらめ──受容　⑪新しい希望──ユーモアと笑いの再発見　⑫立ち直りの段階──新しいアイデンティティーの誕生

デーケン博士によるとこのような悲嘆の態様や精神状態が、複数表れたり順番が変わって表れたりしながら、人は次第に癒されていくのだという。

海外で家族を亡くすと、遺体との対面までにタイムラグがあり、情報が極端に制限されることが多い。するとこれらのさまざまな感情のうち、否認、パニック、怒りと不当感、敵意、罪意識など、遺族の心を壊してしまいかねない強烈な感情が膨らみ続けることになる。一分でも一秒でも早く、というのは今までの経験から社員たちは身に沁みて感じていることだった。

利恵も絶えず動き回り、各所と連絡を取っている。

「遺族は故人が戻ってくるまで眠れない。彼らは大事な人を亡くしてギリギリのところにいる。もし遺体が帰ってくるのが遅くなれば、それだけ彼らは消耗する。中には本当

に健康を損ねてしまう人もいる。だから一刻も早く連れていってあげたいと思うんだよね」

時差のある仕事だ。二四時間かかってくる携帯電話を肌身離さず持ち歩き、昼夜の別なく仕事をすることについてはもう慣れたと利恵は言う。だが、さすがに夜に電話がかかってくると、フライトのことを考えて眠れなくなるそうだ。だから冷蔵庫から缶ビールを出してきて、喉《のど》に流し込んで眠る。体に悪いのはわかっていても、これだけはやめられない。

「あの国なら、葬儀社はどこで、航空会社はどこで、国内線の空港はどこで、霊柩車の運転は誰で……」。頭の中ではすでにこの案件を処理している。

しかし、とにかく朝までは眠らなければ。

だから、彼女は深夜の電話のあとは決まってプルトップを引くのである。

遺体が帰ってくる日は祝日、休日も関係ない。ショッキングな現場をくぐり、次の日も、次の日も、遺族の悲嘆にまっすぐ向き合う。神経の細い人間なら一日で音を上げるような現場だ。だが遺族の木田真理子が、「なんで利恵さんは遺族でもないのに気持ちがわかるんだろう」と漏らしたように、遺族へのケアはいたって細やかなものである。

利幸は利恵の遺族ケアの様子について、次のように述べている。

「ただそばにいて、社長が背中をさすったり、手を握ってあげたりすることが遺族にとっては助けになっているようです。スキンシップは男性には難しいことなので、女性ならではの遺族ケアでしょうね」

ドライバーの古箭はこんなことを言う。

「社長がご遺体をお連れするでしょう？　そうするとご遺族が社長に抱きついてきたり、時には社長と笑ってるんですよ。あの場で笑えるのはなかなかないですよ。なんで社長が入ると、ご遺族はああなるのかな、って思いますよ。不思議ですよね」

会ってすぐに信頼を得るというのは、やはり特別な才能だといえるだろう。

「だって、ご遺族は大変な思いをしてるんだよ。だからせめて頼りにしてもらいたいじゃない。もう大丈夫、安心していい、って思ってもらいたいんだよね」

グリーフケア（悲嘆のうちにある遺族の支援）について何か特別な勉強をしたのかと尋ねたところ、「そんなもん、勉強して身につくもんじゃないんだよ！」と一喝された。

利恵はしばらく考えてこう付け加える。

「あのさ、小さい頃外でいじめられたりして傷ついて帰ってきた時、おばあちゃんやお母さんが笑って迎えてくれて、背中をとん、とん、って叩《たた》いてくれたことなかった？『大丈夫、大丈夫』って背中をさすってくれたことない？　私ね、遺族の方たちへの気持ちってあれだと思うの……」

私の古い記憶にも確かにそんな光景がある。眠れない時や悲しい時、大人の手は大きくて優しかった。彼女は母親的な発想で疑似家族のような会社を作ってきた。そこが、極めて日本的な国際霊柩送還のスタイルを持っているのは、とても象徴的であるように思える。

利恵は、東京・港区の板金工の娘として生まれた。父は典型的な職人気質の親方タイプだ。悪さをすると「このヤロー！」と怒鳴られて、父からよくげんこつを食らったという。

利恵の父親は、人並み外れて面倒見がよかったそうだ。利恵が物心ついた時には、いつも家には誰かしら家族以外の人がいた。彼女は夕暮れ時の光景をよく覚えている。祖母が大量のそらまめを剝《む》き、母親はそれを大きな鍋《なべ》で嬉《うれ》しそうにゆでたという。利恵は配膳《はいぜん》係として、大きな食卓にたくさんの箸《はし》や皿を並べた。

ある時は、家にひとりの女性が同居していた。利恵は、「おばちゃん、おばちゃん」となつき、よく遊んでもらっていた。すっかり血の繋がったおばだと思っていたが、行き場がなくて居候していた赤の他人だと、のちに聞かされ仰天する。この女性だけではなかった。ある日は、借金取りに追われて行き場のなくなった人が匿《かくま》われたし、またある時は、失業した人が居候していた。小学校に上がる時に机を贈ってくれたのも、血の繋がらない父の友人だった。その人が「お父さんにはお世話になったから、利恵ちゃんにはなんでもしてあげたいんだよ」と言っていたのを、彼女はよく覚えている。

小学校時代の利恵は典型的な「ガキ大将」だったという。いばっている男子を前にして、利恵の口癖は「決闘しようぜ！」だった。今では社会的な地位もある同級生が、四〇年ぶりに利恵と再会した時のことを思い出して苦笑いする。

「また、いじめられるんじゃないかと思って、一瞬ビクッとしましたよ」

利恵のほうは最初、彼のことにまったく気づかなかったが、彼はいち早く利恵を発見しておびえていたというのだからおかしい。

「彼女の顔は何十年経っても忘れられないですよ。とにかくあいつは昔から強かった。あいつにかなう男子はいなかったね。しかしあの様子じゃ、今も変わっていませんね」

父親譲りの親方気質で、義理人情を重んじる。その人柄は弔いの現場にうまくはまった。夕食の支度をしてから働きに行けるから、という理由で選んだアルバイトが、その後の彼女の人生を変えた。


利恵は結婚して利幸と桃を産んだ。そして桃が幼稚園の頃に返礼品会社のアルバイトを始めた。返礼品とは通夜や告別式で配るお茶やハンカチなどのことだ。以前は香典返しを四九日前後に配るのがならわしだった。しかし、それでは手間もかかる。最近では参列者に当日返礼品を持たせるのである。これは比較的最近始まったビジネスで、ギフト品の会社が葬儀業界に参入してこのような形になった。

彼女はそこに雇われて、通夜や告別式でこれを配っていたのだ。通夜、告別式が決まると葬儀社から依頼があって利恵が派遣される。返礼品を配る本来の業務のほか、スタッフの一員として参加し、葬儀の流れに応じて必要な動きをしなければならない。その場における気配りやアドリブが求められた。

この仕事を選んだのは、葬儀に特に興味があったからではない。まだ小さい子どもたちの世話をしてから通夜の仕事に行けるという主婦らしい発想からだ。

利恵は、全体を見渡してどこを自分が手伝えばいいのかを把握するのが得意だった。どうしたらいいのかわからず、うろうろしている参列者を焼香の列に並ばせたり、進行に応じて遺族を誘導したりした。返礼品を配るアルバイトに過ぎないのに、遺族はなぜか利恵に頼った。そしてその才覚に目をつけた葬儀社に引き抜かれるのである。そしてそこには、のちに国際霊柩送還の専門会社を一緒に立ち上げる山科がいた。

葬儀社に入ってからも利恵は遺族に慕われた。彼女の配属先は仏壇のショールームを兼ねていた。葬儀のあと、葬儀社は盆飾りや仏壇のパンフレットを置いていく。すると、遺族がふらっとショールームにいる利恵を訪ねてきた。

彼らは、亡くなった人のことをぽつり、ぽつり、と語って帰っていく。山科によると、利恵は特に慰めようとはしていないようだった。態度もいつもと変わらずで、お悔やみの言葉を言うわけでもない。利恵は、優しい言葉ならいくらでも言えるが、言葉なんてその場限りだと言う。

「お母さん、お抹茶点《た》てようか」

「一緒にコーヒー飲もうか」

そう言って利恵は遺族の語るにまかせておいた。

「入ってくると様子がわかるんだよね。顔見ただけで、ああ、この人何かあったんだなあ、って」

ある時は夫を亡くした妻がやってきたし、ある時は子を亡くした母がやってきた。

「どうしても悲しくなってしまう」と漏らす年配の女性には、「無理して立ち直る必要はないんじゃないの。お母さん、そのうち時が癒してくれるよ。時が一番の薬だよ」と言った。やがて時が経つと彼らは来なくなる。

その時利恵が言った言葉を、山科は覚えている。

「私の顔を見ると悲しかった時のことを思い出しちゃうじゃん。だから忘れてもらったほうがいいんだよ」

遺族は利恵に話を聞いてもらった礼にとでも思うのだろうか、ショーウィンドウに飾ってあるものを利恵から買おうとした。

ある遺族は、「あなたにはお世話になった。木村さんからどうしても買いたい」と、二〇〇万円の仏壇を買っていった。一〇〇万円の葬儀をした人が二〇〇万円の仏壇を買う。それは会社内部での嫉妬《しっと》の対象となった。一方、利恵は利恵で、不明朗な葬儀価格の設定や、中身のよくわからない会計について疑問を持つことが多くなっていた。本社の社長にはかわいがられたが、支店長とはうまくいかなくなってしまう。

やがて彼女は、国際霊柩部門を立ち上げていた山科とともに独立し、国際霊柩送還の専門会社を起こすことになった。

2

エアハースの設立に関わる重要な人物が会長の山科昌美だ。彼は若い頃から葬儀社に勤め、職人としての修業時代を経て、日本の葬儀についての幅広い知識を持ったエキスパートとなった。エアハースは彼が国際霊柩送還の専門的知識を独自に構築して独立する際、利恵とふたりで立ち上げたものだ。利恵がもっぱら人間関係を繋ぐ人であるなら、山科は理論を築く人であり、エアハースの行う国際霊柩送還のひな形を作った。利恵と山科はすべてにおいて対照的である。行動派の利恵と研究者肌の山科、社交的な利恵と内省的な山科。世の中の成り立ちにはバランスが大切だとよくいわれるが、ふたりはお互いにないものを補い合って、国内外から絶大な信頼を得る会社を作り上げた。

山科はぱりっとしたスーツをおしゃれに着こなし、髪をいつもきれいにオールバックにして同年齢の人より若く見えた。だが、いかんせん利恵の印象が強すぎる。

山科もしゃべらないわけではない。しかし、利恵が派手な格好に赤い髪で押しの強い話し方をするものだから、どうしても彼が地味に見えてしまうのだ。

利恵も山科も性格がかけ離れているとお互いを評するが、まったく違うタイプだからこそ、共同経営者としての意味があるようだった。さらにお互いの存在を認めつつも、個々の流儀で力を尽くすからこそ、会社は伸びていったのである。

山科と利恵は、生い立ちにおいてもまったく対照的である。

利恵の人生には不思議なほど死の物語を見つけることができない。両親もまだ健在だ。しかし、山科の生い立ちにはいくつかの印象的な死が影を落としている。


山科の父親は包《くる》みボタンの職人だった。だが、それはあくまで表向きのものであり、実際のところはかたぎの稼業ではなかったそうだ。山科が小学校六年生の時、母はそんな父に嫌気がさして離婚してしまう。彼は母に引き取られ、その頃まだ保育園児だった妹は父に連れていかれて、兄妹は離ればなれになる。

山科の母は小料理店を営みながら、彼を女手ひとつで育てた。だが、山科は高校に入学すると同時に母のもとを離れ、ひとり暮らしをすることになる。その理由について、山科は多くを語ろうとはしない。その頃から夕食はひとりでカップラーメンをすることが多く、ろくな食事は取っていなかったという。

家族という濃厚な人間関係の中にいた利恵と、家族関係の希薄な山科。いずれにしても「家族」は彼らの人間形成に大きな影響を与えているように見える。

山科が一七歳の頃付き合っていた女の子は、横浜の山手に住むお嬢様で、家族ぐるみで山科と仲良くしていた。彼女の両親は彼をかわいがり、夕食に呼んではごちそうをふるまった。デートは山下公園や港の見える丘公園などだ。ありきたりのデートコースだが山科はバイクに彼女を乗せて街を走った。

だが、やがてその子は留学を決意してアメリカに渡ってしまう。最初は手紙のやりとりもあったが、次第に疎遠になっていった。

「若い子なんてみんなそうでしょう?」

しかし、本当の別れはその後にやってきた。ある日、彼女は交通事故に遭い、アメリカから遺体で戻ってきたのである。

山科の記憶には、彼女の父親と母親が泣いている姿があるだけで、自分が悲しかったかどうかは、全く覚えていないという。だが、海外から帰ってきた遺体の異常なほどの美しさが山科の脳裏に強烈な印象を残した。まるで眠っているかのようだったのだ。

「とにかくすごくきれいだった。そのことにただ驚いた」

今にして思えば、あれがエンバーミングをし、修復した遺体だった。山科にとっては初めての海外からの遺体は恋人のものだったのだ。

　その時のことについて山科はこう語る。

「あの頃は子どもだったからよくわかってなかったと思うよ。悲しいとかつらいとか、そういう感情をまったくといっていいほど覚えていないんだ」

　これがのちの彼の職業選択に影響を与えたのだろうと思うが、彼はそれを否定した。

「国際霊柩送還のシステムを構築したのも、別に彼女の一件があったからじゃない。たまたまだよ。そのできごととは関係ない」


　死といえばもうひとつ、彼には忘れることのできない別れがあった。山科が二四歳の時に、父親が亡くなったのだ。

　寒い夜だった。父はベッドから落ち、前頭部を打ち付けて亡くなった。その後父の体には、長い時間ストーブの温風が当たっていたらしい。

　母から連絡を受けて、安置されている東京都監察医務院の霊安室に行き、高校生の妹と落ちあうと、ふたりで父の遺体に対面した。

　ステンレス製の冷たい処置台の上に、解剖痕のついた山科の父はごろんと裸で横たわっていた。

　泣けるかと思ったがピンとこなかったのだ。小さい頃別れて、顔もよく覚えていなかった。むしろ泣けないことが悲しかった。縁の薄いままで、死に別れることになった父親だった。死んでしまってからでは、もう関係を築き上げることも叶わない。

「全然縁がなかったからね……。悲しかったかって言われても、なんとも思うわけないよ」

妹の住む団地の集会所から葬儀を出し、妹とふたりで父親を送った。

山科は高校を卒業したあとぶらぶらしていたが、二二歳の時葬儀社に入る。誰の死も彼の進路決定にはなんの関係もなかった、ただ給料がよかったのだ、と言う。


葬儀社は、彼の知らないもうひとつの世界だった。

その頃彼の入った葬儀社にマニュアルはなかった。「仕事は現場で盗んで覚えろ」と言われた。彼は仕事を「死事《しごと》」と表現する。教えられて理解できるものではない。「死事」は体で覚えるほかない。一年目は幕を張ることを覚え、二年目には祭壇を飾ることを覚えた。厳しい職人の世界だった。やがて彼も遺体の納棺と葬儀の打ち合わせを担当することになる。日の前の遺族と話すには遺体の声なき声に耳を澄まさなければならなかった。

遺体は山科に、実にさまざまなことを語った。腕に無数の注射の痕があれば、壮絶な闘病をしていたことがわかるし、打撲の痕やすり傷は身の上に起きた突然の事故を雄弁に語った。遺体が物語ることに注意深く耳を傾ければ、遺族のくぐってきた悲しみや苦しみがわかる。家族の中で誰が介護をし、誰が看取ったのかもその部屋の空気ですぐにわかった。その直感が外れることはまずなかった。

納棺の際には、まず遺体の衣服を脱がせ体を拭く。失禁していることもあるのできれいに処置をして、口や鼻、肛門《こうもん》に綿詰めをすると白装束に着替えさせる。次に手甲《てっこう》に脚絆《きゃはん》、数珠を持たせ、極楽浄土への旅支度をさせる。

遺体に触らなければ、本当の「死事」はわからない、と山科は言うが私にもその意味がわかるような気がする。

私も幼い頃、広島《ひろしま》の田舎で亡くなった祖父の白装束を家族みんなで着せた記憶がある。それまで泣いていた家族も悲しんではいられなかった。誰もが不慣れな中、ああでもない、こうでもないと、必死になって着替えをさせたものだ。額に三角の布をつけた姿に「ドリフみたい」と笑ったら、幼いセリフが無邪気に思えたのだろう、大人も思わず笑っていた。ドライアイスを体に宛てがい、祖父の顔をみんなで眺めた。祖父の人生は祖父の体にしっかりと刻まれている。死はひんやりとして怖かった。でも心が温かくなった。あの日の恐ろしさと懐かしさが私にとっての死だ。ほかにも親族でいろいろな人が亡くなったが、みんな誰かに納棺されていて、既に日常から切り離されていた。その分なぜか死の記憶は薄い。

山科はたくさんの葬儀に携わりながら、葬儀とは何かを学んでいく。彼はその後葬儀社を三社渡り歩いた。すると、いろいろな裏側を知ることになる。

例えば病院から遺体を回してもらうために、看護師長に不適切な形で近づく者がいた。師長といえばたいていは四〇代の中年女性だ。彼女たちと親密になっておき、死者が出ると知らせてもらうというわけだ。

マンション僧侶《そうりょ》の存在が問題となったこともある。かつてはたいていの家がどこかの寺の檀家《だんか》になっていて、何かあればその寺の僧侶が呼ばれたものだ。だが高度成長期に東京へ出てきた世帯のほとんどは、特定の寺との付き合いがない。すると、寺を持たないマンション僧侶が葬式に呼ばれるのである。

マンション僧侶は葬儀社や僧侶派遣業者にとって都合のいい存在だ。僧侶はなんとか自分に仕事を回してくれと、多い時には布施の五〇パーセントを紹介料としてバックするからである。その金は一部の看護師長の高級ブランドバッグや時計に化けた。看護師長は人が亡くなると、その葬儀社の霊柩車を呼ぶ。そこにマンション僧侶が来る。僧侶は遺族から受け取った布施の多くを葬儀社に渡し、それが看護師長の懐に入り、と、ぐるぐる回ってお互いを潤すというわけだ。

そこで葬儀社と病院の関係について調べてみた。公正取引委員会「葬儀サービスの取引実態に関する調査報告書の概要」（二〇〇五年）には、病院に年間一〇〇〇万円、さらに一体につき数万円の金銭を提供している指定業者が存在すると記されている。病院の指定業者になると、葬儀の請け負いを遺族に説得しやすくなるからだ。また事業者アンケート調査では、一部指定業者が、遺族を霊安室に引き留めるなどして、自社との葬儀サービスの取引を強制的に促すといった事例が報告されている。

だが、遺族が葬儀業者をあらかじめ決めていたり、遺族の自宅が遠方で指定業者の営業エリアになかったりして、「病院戦争」と言われる熾烈《しれつ》な病院指定獲得競争自体は沈静化に向かっているという。業者も新規参入が相次ぎ、その分、透明度が増したのは確かだ。

葬儀業界は今や「成長産業」として注目されるようになり、一兆一〇〇〇億から八〇〇〇億円産業と言われる。二〇一一年の死者数は一二六万人と推計され、二〇四〇年には一六六万人を超えると見込まれる〈厚生労働省「平成二三年〈二〇一一〉人口動態統計の年間推計」及び国立社会保障・人口問題研究所「日本の将来推計人口〈平成二四年一月推計〉」)。最近では需要の伸びを見越して私鉄各社、日比谷《ひびや》花壇、イオングループ、生協など、葬儀会社とは違う分野からの参入が相次いだ。二〇〇〇年代には外資系の葬儀会社も進出し、明確で合理的な低コストの葬儀を提案し、メディアでも盛んに取り上げられるようになった。その影響で、葬儀一件あたりの単価も低くなり、パートやアルバイトなどが大量に入ってくることによって業界全体の閉鎖性がなくなってきた。

しかしそれに連れて、職人としてのいわゆる「弔い屋」も少なくなってきたとある葬儀関係者は言う。

「昭和の弔い屋はアクも強かったが、弔いでしか生きていけないような気骨のある人が多かった。昔の葬儀屋は職人気質だったが、それに比べて今は何も知らぬ素人が形ばかりの葬儀をしている。今の葬儀は遺影がなければ誰の葬儀かわからぬ薄っぺらさだ」

古い葬儀社だから、新しい葬儀社だから、というのは乱暴な話だ。しかし、山科はあまりの素人の多さに閉口することがあるという。彼は、そんな時代の移り変わりを肌で感じてきた。合理的で低予算の葬儀は儀式の神秘性も奪っていくようにも見える。

もともと葬儀には説明のつきにくい慣習が多い。

全国的によく知られているのは、死者の枕元《まくらもと》に逆さにした屏風《びょうぶ》を立てる「逆さ屏風」だ。湯灌のためのぬるま湯を作る時の「逆さ水」というものもある。通常湯をぬるくするには湯に水を足すが、この時に使うぬるま湯は、水に湯を足して作るのである。年長者の中には、今でも水に湯を足すことを「縁起でもない」と忌み嫌う人がいる。逆さにする儀式はほかにもあげられる。死装束の左前や、地方によっては「逆さ布団」というしきたりもある。

このさまざまなしきたりは、死者の世界と生者の世界は逆さまにできていると信じられていたことから来ているという説や、「死」という悲しいことはもう二度と起こってほしくないという意味を込めて、非日常的な行為をするのだという説もある。

この非合理な儀式をあえて行うことで、遺された者は死者を彼岸《ひがん》へと送り出す心の整理をつけていくのだ。「死」は家族だけで対処しきれるものではない。今まで一緒に生きてきた家族を別の世界へ送るには、愛着が強すぎるからだ。家族はいつまでも亡き人の死を受け入れがたく、現世にそのまま引きとめておきたいと願う。場合によっては死の国へ一緒に行きたいと願うのである。

それを葬儀によって彼岸へ送り出す。非日常的な葬送の儀礼は目に見える形でこの世とあの世の通路を作る行為である。そこでは僧侶、親族、葬儀業者、地域共同体の、目に見えない慰霊の力、祭礼を行う力が試されている。それはもちろん金額に換算できるものでも、合理的な説明がつくものでもない。

地域に根づく風習は過去の葬送の記憶を呼び覚ます。それは親類縁者をかつて送り出した儀式だ。家族はその儀式を積み重ねながら、今まで一緒に生きていた人が、先祖と同じところへ旅立つことを悟るのだ。このような葬礼を行うため、地元で代々葬儀業を営む家があり、子から孫へと儀式を引き継ぐ。そうやって葬儀の形は伝えられ、作り上げられたものなのだ。

しかし、昔ながらの地域密着の葬儀社も、ベンチャー企業の宣伝攻勢によって次々と消えていく。葬儀業界はあきらかに転換点を迎えていると、山科は感じていた。

山科も中堅と言われる年齢に達すると、夜勤も納棺も徐々に体にこたえるようになった。人が亡くなると彼は葬儀の打ち合わせに行く。病院からの遺体はきれいになって帰ってくるが、家で亡くなった人にはさまざまな不具合があった。体力勝負だったし、夜勤もつらかった。

「四〇を過ぎて体がきつくなったんだよね。夜勤明けは疲労が抜けないし、ご遺体を持ち上げるのも、ずっと続けられるとは思えなくなったんだ」

もともと人が死ぬと湯灌が行われる地域があった。湯灌とは、死の正装の前に遺体を洗い清める儀式のことである。この湯灌の儀式は仏教の沐浴《もくよく》に由来していると言われる。宗教的にいうと、沐浴とは「生」から「死」への移行の過程において行われることを意味している。俗世間の汚れや穢《けが》れを洗い流して旅立つという考えだ。さらに人間はこの世に生まれてきた時に産湯《うぶゆ》に浸かるが、それと同様に湯灌をしてあの世へ生まれ変わるという思想もあるそうだ。

湯灌は昔は家族で行ったものだったが、現在は病院で死ぬ人が多いため、病院内で清《せい》拭《しき》が行われ、それが湯灌の代わりとなった。

湯灌の専門業者は少し変わった形で登場した。八〇年代に、自宅介護の入浴サービス用の巡回車と同様の車によって湯灌を行うようになったのである。山科がしていたような体をきれいにする作業が、湯灌業者に任せられて楽になった。家族は湯灌をグリーフワーク（喪の作業）として喜んだ。長患いをしていて入浴もままならなかった故人の遺族には特に喜ばれた。

しかし病院で湯灌に準じた行為をすませている場合も多かったし、業者が安い料金で紹介しながら、次々と追加料金を上乗せし高額な請求をすることもあった（利恵はいい加減な業者について憤慨している）。そのサービスはまちまちといったところだ。

湯灌のオプションを受注すると葬儀社の売上になるので、葬儀社は積極的に湯灌を勧めた。そんな事情もあって、あっという間に湯灌は広がり、現在の葬儀ではほとんど湯灌業者が入り、一〇万から一五万円ほどの湯灌料を取って納棺までを行うことになった。

ひとつ山科にはどうしても納得できないと思うことがあった。それは遺体に触ったことのない葬儀業者が増えたということだ。昔は葬儀社が湯灌から納棺までを請け負った。だからこそ遺体が何たるかを知り、どういう状態になるかを熟知していた。

遺体を知らずに「その人の死」の何がわかるのか。そう山科は思っていた。遺体を知り、遺体の処置をするからこそ、遺族の気持ちがわかる。たとえ湯灌の専門業者が入ったとしても、やはり遺体に触ったこともない葬儀業者がいるのは納得できなかった。葬儀社はイベント司会業ではないのだ。死についてわからない者に魂のことはわからないと彼は思っている。

勉強熱心だった山科は、勤めていた葬儀社で随一の知恵袋となった。次第に知識の面でほかの社員に頼られるようになっていった。宗派によって異なる儀式の由来などをよく研究していたし、千人単位の社葬を仕切れるのは山科ぐらいだった。

その山科が「国際霊柩送還」という概念を「発見」する。


一九九二年、山科は一件の相談を受けた。

フランスの柔道家が日本で亡くなった。なんとか遺体のかたちでフランスへ帰したいというのだ。山科はその問い合わせに、海外へ遺体を搬送する専門の業者を探した。しかし、そういう専門業者は一社もなかった。どうやって送るのか、経験のある業者にいろいろと聞いて、とにかくできるところまで自分でやってみることにした。

ところが外国人の出国書類を作成するにあたって、何ひとつわからないことに気づいた。その時、受け入れる側がKenyonという英国資本の国際霊柩送還の専門業者だった。山科はそこに問い合わせて、いろいろと書類の作成方法を聞き、苦心しながら手続きを済ませた。そこで山科は、「国際霊柩送還」という仕事の必要性に気づいたのである。

ヨーロッパでは地続きの国境が数多く存在するため、昔から国際霊柩送還が発達し、遺体の出入国搬送を専門的に扱う業者があった。だが、日本にはそのような業者は一社もない。無理もなかった。バブル期以前には、海外へ旅行する人は今のように多くはなかった。日本国内でも東京の繁華街にでも行かない限り外国人を道で見かけることなど、めったになかったのだ。遺体搬送には貨物運賃だけで莫大《ばくだい》な費用がかかる。自費で搬送するのはまず不可能だった。

しかし、彼が初めて国際霊柩送還を知った頃は、すでにバブル景気の末期だった。若者は『地球の歩き方』を片手に海外へと積極的に旅立ち、ビジネスマンは海外へどんどん出ていった。保険会社もそれに伴い約款の見直しを進め、旅行傷害保険が整備されつつあった。

これから遺体で帰ってくる人は必ず増えていくだろう。きちんとした知識を持っている人間が必要だ、と山科は考えたのである。

「誰もやっていないのなら、自分がやればいいのではないか」

山科は研究を始める。だが始めた年は、年に二体ほどだった。わずかな人しか遺体で帰ってこなかったため、葬儀社ではほとんど利益を上げず、お荷物扱いだった。しかし二年目、三年目と、海外からの遺体搬送は倍々に増えていった。

同じ葬儀社にいた利惠はその頃、山科に教えられて国際霊柩送還業務に携わり始める。山科は最初から彼女を現場に立たせた。イラクのティクリートで襲撃されて亡くなった在イラク日本大使館員の搬送に関する会議にも、利惠を送り込んでいる。

やがて、邦人援護の関係者に注目されるようになる。

「葬儀社から独立したら国際霊柩送還だけでも頼めるのに」

そういう声が大きくなってきた。

葬儀業界も、日本も、変わり目に来ていた。

二〇〇三年、山科は利恵とともにアムズコーポレーションという名で、有限会社を立ち上げる。それがのちのエアハース・インターナショナル株式会社の始まりである。

3

葬儀社の仕事を始めた頃から利恵の生活は一変した。夫は利恵の仕事に理解を示そうとしなかった。家事は一生懸命やっていたつもりだ。だが、仕事をわかってくれないのはつらかった。家庭内別居のような時期が長く続いた末に離婚してしまう。離婚を切り出したのは利恵のほうだ。

ふたりの子どもも離婚には理解を示した。しかし独立前後は、忙しすぎて家にたどり着くこともできず、羽田近くのビジネスホテルに寝泊まりすることになる。早朝遺体を引き取りに行き、その日のうちに遺族のもとへ車を走らせ、また夜に遺体が到着する、という日々が続いた。息子の利幸は大学生になっていたが、娘の桃はまだ中学生から高校生の頃だ。多感な時期に父と離れ、母も多忙という寂しさを経験することになった。

二四時間、休日問わず案件が入ってくる。世の中で考えうる限りのさまざまな人々が日本に戻ってきた。日本から旅立つ人もいる。ビジネスマン、ツアーコンダクター、登山家、第二の人生を歩き始めたばかりの定年退職者、新婚旅行中のカップル、ジャーナリスト、テレビクルー、海外復興支援の職員、留学生、現地不法滞在者……。

亡き人ははるかかなたから彼女たちのところへやってきて、彼女たちの手元から家に送り届けられる。ひとりずつ帰ってくるとは限らない。時には同時期に重なって帰ってくることもあった。日本人は毎日のように世界のどこかで亡くなっていた。

最初から完璧だったわけではない。手続きも遺体の処置もなにもかも、試行錯誤の連続だった。

その頃の彼らを知る人がいる。彼は当時エアハースに研修に入っていて、現在は日本国内で勤務しながら海外在住の邦人援護の仕事に携わっている。研修で彼は遺体の処置を一緒に行い、現場の過酷さに直面した。

「山科さんと利恵さんのおふたりには教えられたことが多かったです。僕にとっては師匠です。邦人援護の現場では、どうやって遺体を搬送しているかを知っていなければならないし、遺族がどう考えているかも知らなければなりません。ずいぶんおふたりにはお世話になりました」

彼は利恵と一緒に国内の離島へ行き、遺体の処置をしたことがある。不案内な場所での納棺は時間がかかった。霊柩車に柩を乗せると、東京にいる山科から利恵の携帯電話に指示が入る。

「役所は五時に閉まる。それまでに書類をきちんともらってくるように」

利恵と彼には事務手続きの仕事も残っていた。だが、ふたりとも暑さと疲労と、遺体に接したあとの精神的な衝撃でぼんやりとしていた。場所は人影もまばらな離島だ。ふたりで途方に暮れた。

利恵は急いでタクシーを探しそれに乗り込む。山科に利恵はもう一度電話をした。

「今日中には無理です」

そう報告する利惠に山科は厳しかった。

「四の五の言わずに今日中にすべての書類を揃《そろ》えて。それができなければプロじゃない。できないのなら僕たちの存在意義なんてないですから。嘆く暇があったらやってください」

そこで電話は切れた。

彼は言う。

「厳しいなと思いました。遺体を処置するのも精神的にかなり大変なことです。それにもかかわらず、それ以上のことを要求するんですから山科さんも鬼だなと」

結局時間切れで書類を揃えることはできなかった。帰りの車の中で、彼は隣の座席にいる利恵を見て驚いた。利恵の目から涙が堰《せき》を切ったように流れ落ちたのだ。

「いや、もう彼女はわんわんと声を上げて泣いているんですよ。びっくりしました。この人も泣くんだなあと。でも、しばらく付き合ってみてわかりました。利恵さんは強く見えて、実はさびしがりやの泣き虫ですよ」

その時の心境を利恵はこう述べている。

「悔しかった。どれほどこっちが苦労しているかも知らずに、冷たいことを言ってくる山科会長にも『コンチクショー』と思った。でも遺族のほうがよっぽどつらい。そう思うと泣けちゃってね。でも悔しい思いをするから、遺族のもとへもっと早く帰してあげるにはどうしたらいいかを考えるんだよ」

悔しい思いをしなければ仕事はできるようにならない、と彼女は断言するのである。

そして、彼女たちを震撼させるできごとが起こる。二〇〇四年一二月二六日、スマトラ島沖で巨大な地震が発生した。マグニチュード九・一。被災国はインドネシアのほかインド、スリランカ、タイ、ミャンマー、モルディブ、東アフリカの諸国にまで及ぶ。死者二二万人、行方不明者七万七〇〇〇人という未曾有《みぞう》の大災害だった。日本人観光客も多数亡くなっており、二〇〇五年の発表では死者四〇人、不明者二人とあった。

エアハースには次々と柩が送られてきた。最初に八体が同時に到着、その後数体が戻ってきた。膨大な数の死が悲しみを纏《まと》って運ばれてくる。

家族のことを思うと社員たちは底なしの絶望を覗き見るような気持ちになった。

国際霊柩送還の世界では、「風が吹く」という言葉がある。死者がある時期に集中することを表している。

各国で国際霊柩送還に携わる人々は、死者が出る時期や地域が集中するのを肌で感じているのだ。ある地域で死者が出ると、その周辺での死者が続く。また、ある時期に偏って人が亡くなることもある。たとえば韓国から遺体が帰ってくる時は、しばらく韓国からの遺体が続く。南米の時は、しばらく南米が続く。さらに複数の遺体が次々と帰ってくることもあるという。偶然だと言うだろうか。確かに迷信じみていると感じるかもしれない。しかし現場ではまるで見えない法則があるとでもいうように「風が吹く」と言ってその現象の存在を感じているのである。

以前、ある知り合いの看護師も同じことを言っていた。病院でひとりが亡くなると、なぜか人が続いて亡くなる。ひとりきりで亡くなることはほとんどないという。それを彼らは、最初に亡くなった人が「連れていった」と言い、「三途の川の渡し舟はひとり乗りではない」と言う。我々の目には見えない川が流れていて、舟が浮かんでいる。そこにまとまって人が呼ばれると言うのだ。

柩を開けると、そこには少し前まで元気だった人が横たわっていた。地震が起きなければ、おしゃれをして友達の数だけ土産《みやげ》を買って、軽やかな足取りで帰ってきただろう。日本は何事もなく動いている。街には流行歌が流れ、テレビの報道を気に留める者もいない。

利恵は故人の名前を大きな声で呼んだ。聞こえなくても大きな声で呼びかける。

「お父さんとお母さんが待っているよ。おかえりなさい。よく帰ってきたね」

返事はない。処置が始まれば無心になる。社員たちは一心不乱に仕事を始めた。

遺体を送り届けにいくと、ある遺族は遺体の前から動こうとしなかった。どうしても故人の思い出として持っていたいから指輪を外したいと泣くのだ。それは以前亡くなった上の姉の形見でもあった。

遺体は水分で膨らんでしまい、どうしても指輪を外すことができない。

「なんとかならないでしょうか。お願い。私が代わりにあれを持っていたいの」

遺族は懇願する。

「大切な思い出の品なのよ！　指を切って外してちょうだい」

切実な叫びにも利恵は同意しなかった。遺族には、遺体を傷つけることの精神的なダメージがわかっていないようだった。

「一緒に天国に持っていってもらおうよ」

利恵がそう言うと、遺族は利恵にすがって泣いた。

遺体は損傷の少ない人から順に送り出した。そして最後のほうに残された遺体を届けに行くと、若い父親がまだ幼い女の子と一緒に妻の帰りを待っていた。柩を家の中に安置して遺体確認をしてもらうと、夫は柩の傍らに崩れ落ちるようにして座りこんだ。しかし、夫から漏れたのは感謝の言葉だったという。

「ありがとう……ございます。ありがとう……。もう誰にも妻を会わせられないかと思っていました。よかった。本当によかった……」

現地で見た姿とは違うきれいな顔にほっとしたのだろう、涙で頬《ほお》を濡らしながらもその顔は安堵《あんど》の表情を見せていた。

「木村さん、妻は自然保護のボランティアをしていてね。今回も、その集まりで行って津波に呑《の》まれたんだよ」

夫はアルバムを出してくると、妻と家族の写真を「見てやってよ」と言い、思い出話を始めた。だが、妻が作った一番新しいアルバムをめくっていると、そこにはまだ余白のページが残されていた。もう、妻によって更新されることのないページだった。それを見ると夫は下を向いて号泣した。

「ひとりで逝《い》っちゃって……。ひとりで逝っちゃって……」

利恵が帰ろうとすると、夫はあとから娘を抱き上げて追いかけてきて、畳に額をこすりつけるようにして言った。「ありがとう……、ありがとう……」

その頃、私はどこで何をしていただろう。東日本大震災以前にも、世界の各地では悲劇が繰り返されてきた。だが私たちの多くはこの災害に対して、さしたる関心も払わず「他人事《ひとごと》」という名の楽観と麻痺の中にいた。

楽観と麻痺。その言葉を私はこの取材で何度も実感した。

かつて、アフガニスタンで海外復興支援団体の職員が殺害されて、大きなニュースになった。その柩を家族のもとへ運んだのもエアハースである。

私は彼の両親がエアハースの仕事にとても満足していたということを関係者から聞き、彼の人生についても触れることができたらと思っていた。そこで彼の所属していた団体に取材をしようと試みた。利恵は現在でも交友関係のある遺族しか紹介してくれない。また、個人のプライバシーにかかわることは一切明かさないので、その団体経由で遺族に連絡を取るしかないのだ。

しかしそこで伝えられたことは、過酷な現実だった。団体の広報担当者はこのようなことを言ったのである。

「現地では政情不安が続いており、いろいろな勢力がいろいろな考えを持って動いている。

あなたがもし彼を英雄視していると思われるような記事を書くと、我々の活動を快く思わない勢力によって、現在現地で働いている職員の命が脅かされる恐れがある。エアハースのことは我々もよく覚えているし、ご遺族も大変喜んでいらっしゃった。

でも、今はインターネットも発達し、日本で彼のことを讃《たた》えるような報道が出ると、すぐにこちらで不穏な動きがある。代表も命を狙《ねら》われている。先日も警察官がやってきてあれこれと注意を受けたぐらいだ。彼の遺志を継ぐためにも、現地が一日も早く復興できるように我々が安全に支援できることが第一だ。どうか、報道を控えていただきたい」

一時期、毎日のように新聞に載った現地の状況が、最近はまったく聞かれない。日本はまるであの国を忘れたかのように過ごしている。まさに楽観と麻痺は日本のもうひとつの姿である。今も現地は緊迫したままで、命の危険を感じながら復興支援に携わっている人々がいる。そして尊い命を落とした若い職員がいたことも表立って出せない現実がある。

利恵は取材の顚末《てんまつ》を聞いてひとこと、「切ないね」と言った。

海外で起きる事件の舞台裏を彼女ほど知っている人はいないだろう。彼女は、知り得たさまざまな悲しみを胸にしまったまま、あの世へ持っていくつもりでいるらしい。

4

利恵はいくつもの死に遭遇するうちに、海外の葬儀社へも出向くようになっていった。いつもはメールや電話でしかやりとりできなかった人と、実際に会うことは、今後の国際霊柩送還をスムーズにするために必要だった。また亡くなった人とその遺族の気持ちは現地に行かなければわからないものだ。他の業者とは違うと利恵が胸を張るのは、自らの足で作った、世界各国とのネットワークを持っていることだ。ただ空港で待っているだけの葬儀社でも外側から見る限りは同じだ。だが中身はまったく違うと彼女が主張するのは、こういう理由なのだ。

かつて邦人たちが亡くなった場所へ赴き、その国を知る。それはまるで巡礼の旅だった。実際に行けば新しいことがわかると利恵は言う。

例えば香港の紅磡《ホンハム》駅周辺には葬儀社ばかりが軒を連ねる一角があった。現地葬儀社のみならず、モルグ（遺体安置所）もできる限り見学する。国によっては施設が衛生的とはいえないところもあるし、離島などでは遺体の処置をする施設がなく、冷蔵庫が一時保管所になっているというところもある。遺体を裸のまま何もかぶせずに置いておくような場所もあった。そのような遺体安置所の状態を知っておくと、遺体にかぶせるシーツ一枚でも関係者に用意するように指示できる。

韓国の釜山《プサン》から状態の悪い遺体がいくつも立て続けに帰ってきた時には、利恵は自費で現地に赴き、関係者から聞き取り調査をしている。そこには悪質な業者が絡《から》んでいるようだった。利恵は領事館に事情を説明して注意を促した。その後、そのようなケースはなくなったという。

エアハースは、世界各国の葬儀社がブースを出して行うフューネラルエキスポにも何度か参加して、各国の葬儀社との交流も図っている。アメリカへの留学経験のある桃も同行し、いろいろな葬儀社と知り合いになった。かつて亡くなった人を送ってくれた人々にも会った。イギリス、スペイン、ポーランド、フランス、ウガンダ、南アフリカ、ボリビア。そして二〇一二年にはアイルランドに行った。

彼らの仕事は言葉より雄弁だった。お互いどれだけ誠実に遺体の処置をしているかが、彼らの人柄を表している。各国の葬儀社の仕事に対する姿勢はいろいろだ。家族との時間を仕事より優先する国、昼休みを優先する国とさまざまある。だが友情関係を築けば何よりも優先して遺体を送ってくれる。例えばシンガポールの女性リサ・タンは利恵の良き目標だ。五、六カ国語を繰り、いざとなれば小型機をチャーターしてでも、遺体を搬送する。そのようにして足で地道に作り上げたネットワークで、できる限りの情報を集め、遺体が確実に遺族のもとへ戻るようにしているという。

そして利恵はさまざまな災害の現場へと赴き、慰霊碑に手を合わせる。バリのテロ行為で亡くなった人たちの慰霊碑、スマトラ沖地震やその津波で亡くなった人たちの慰霊碑と巡り、自らが運んだ人たちの冥福《めいふく》を祈るのである。

亡くなった人が利恵を動かし、国境を越えて人を繋ぐ原動力になっている。もうこの世にいない人たちがいまだに新しいネットワークを作り続けているのだ。関係性の中において、彼らは今も存在し、そういう意味で「生きている」のである。

5

国際霊柩送還というグローバルなテーマを追いかけていたつもりなのに、そこに見えてくるのはごくパーソナルな悲しみだった。たとえ大きな事件、事故の犠牲者であっても、帰ってくる時は、ひとりの息子や、娘なのだ。山科の教えてくれた言葉にこんな一節がある。

親を失うと過去を失う。
配偶者を失うと現在を失う。
子を失うと未来を失う。

遺族は愛する人を亡くすのと同時に自分の一部も失うのだ。もう二度と取り返しはつかない。

国際霊柩送還の現場はその人と家族との関係性を浮かび上がらせる。いつもは人の家族のことなどあまり意識することはないが、国際霊柩送還の現場で否応《いやおう》なく意識させられるのは、家族との繫がりだ。誰かが待っていなければ遺体が日本に戻ってくるのは難しい。待つ人がいるからこそ、遺体になっても日本に帰ってくることができるのである。

ある保険会社の社員が言っていた。

「遺体で戻る人は亡くなったのですから確かに不幸です。でも、不幸ではあっても日本で家族が待っている。死にざまは生きざま、と言いましょうか。やはり、その人がどういう人生を過ごしてきたかは、いざ亡くなってみるとよく表れるんですよ」

保険会社の社員は職業上、保険に入っていない人の遺体を運ぶことがいかに経済的に大変かを知っている。保険未加入の場合、遺族は家族を亡くした苦しみに加えて莫大な搬送費用という負担を負う。彼はそれを二重の苦しみだといって気の毒がるのである。それでも、いろいろなところから費用を集めて遺体を日本に送ってほしいという遺族は多い。彼はその困っている様子を見ると胸が痛むそうだ。

だが利恵は、遺族だからといってすべての無理を聞いたりはしない。たとえば、成田空港の貨物ターミナルは物流の拠点なので、トラックやフォークリフトなどが始終行き来している危険な場所である。到着したばかりの柩をターミナルまで迎えにいくと言って聞かない遺族には、「安全上の都合で立ち入りすることはできない」とはっきり断ってきた。遺族のほとんどは身内の死で疲労し混乱している。二重、三重の事故が起きるような事態は避けるべきだと考えているのだ。航空貨物会社はエアハースとルールを作り、遺族がむやみに貨物ターミナルに立ち入ることのないような環境を整えていた。
「おつらいでしょうが、これもご遺族のためなんです」とは航空貨物会社の担当者の弁だ。

日々遺族のためにと動いている彼らにも、それぞれ家族はある。遺族のために身を粉にして働くということは、自分の家族に犠牲を強いることでもある。それを実感するようなできごとを、山科は経験している。

一九九七年、エジプトの観光地ルクソールで、イスラム原理主義過激派の「イスラム集団」が外国人観光客に無差別発砲した。ルクソール事件である。
日本人観光客一〇人を含む外国人観光客ら六一人が死亡、八五人が負傷するという凶行だった。空港には一斉に一〇人の遺体が帰ってきて、日本は大きな悲しみに包まれた。

処置の終わった遺体からそれぞれの故郷へ戻っていくことになっており、山科は遺族の対応に追われた。

時を同じくして山科は妹から一本の電話を受ける。母親が危篤に陥ったというのだ。山科はその一カ月前、いつもは連絡などしてこない母から突然の電話をもらった。

「ちょっと具合が悪いのよ」

会いに行ってみれば、母の腹は腹水でパンパンになっていた。病院に連れていくと、乳がんからの肝転移で、あと三カ月の命と宣告された。彼は母に余命告知をしなかった。今でもそれでよかったと思う。三カ月と言われたものの、その進行は思ったよりずっと早かった。

いよいよ痛みがひどくなり、モルヒネが投与されるようになると、母親の意識はもうろうとしてきた。山科はその頃毎晩病院に泊まるようになった。そして、ある日、ぼんやりと意識を取り戻した母が山科の顔を見てこう言った。

「あたしは、もうダメなんだね……」

山科は母にかける言葉を探したがうまく見つからなかった。もう山科を認識しているかどうかすらわからなかった。ルクソール事件の前まで、病院と会社の往復状態が続いていた。

だから山科は危篤の知らせを聞いて、思わずこうつぶやいたのである。

「なんでまた、よりにもよってこんな日に……」

こうも思った。

「最後まで嫌がらせかよ」

山科を高校生の頃からひとり暮らしさせるような母だった。それ以来、何をしてくれたわけでもない。葬儀社に勤めると決めた時もずいぶん反対された。「勝手だ」。そう思っていた。それが最後にこれか。悲嘆に暮れる遺族の対応に追われる間にも、たったひとりの自分の母親が亡くなろうとしている。遺族の姿が自分に重なった。

山科は考えていた。海外で家族を亡くした人と、ほんの数キロ離れた病院で母親を亡くそうとしている自分。やはり悲しみの質は違うのだろうかと。少し考えてから、やっぱりまったく違うのだろうなと思った。

山科は知っている。同じ死などひとつもないのだ。死に方も違えば、遺族と故人との関係もひとりひとり異なっている。それが親の場合、配偶者の場合、子どもの場合、とすべて違うのだろう。悲しみはみんな違う形をし、違う色をしている。

だから自分はマニュアルを作らない。彼はそれが正しかったと思った。大切な家族を失った者のつらさは、さんざん悲しむ遺族を見てきたのだからわかっているつもりだった。しかし、いざ自分のこととなるとまるで現実味がない。

猶予はあったのだ。仕事をしている山科のもとには親戚から頻繁に電話が入る。

「あんた、お母さんに女手ひとつで育てられたんでしょう？　いったい他人と自分の親、どっちが大切なの？」

「もう二度と会えないいんだよ。お願いだから会ってあげてちょうだい」

駆けつけようと思えば駆けつけられたかもしれない。ひとり残された妹のことも気がかりだ。早く行ってあげたいとは思う。だが、目の前で遺族が泣いている。こんな現場を放り出して帰るわけにはいかなかった。

その後、山科に母の死亡が伝えられた。遺体と遺族を送り出すと、病院へ早く駆けつけようと車を走らせる。しかし、その日に限って首都高速道路は大渋滞だった。目の前のテールランプに追突しないように、とそればかり考えていた。

今日、母が亡くなった。

だが、それがどうしたというのだろう。死は毎日のように見てきている。死者が多かろうが、少なかろうが、身内であろうが、なかろうが、日頃見慣れた死だった。いまさら死で泣けるだろうか？　泣けなかった。まったく涙は出てこない。車はほとんど動かない。とにかく安全運転だと思った。

ハンドルを握りながら、彼は考えていた。

「ああ、そうか……。遺族はこんな状態なんだな。葬儀まで遺族はほとんど寝ていないから、きちんと眠れる夜が作れるように、なるべくスケジュールはゆったり組んだほうがいいな。それに判断能力が著しく低下しているから、手続きに関しては、わかりやすく、ゆっくり説明したほうがいい。勉強になる。やっぱり経験というのは大事なものだな。それにしても、親に死なれるってこんなにさびしいものなのか」

いかにも研究者肌の山科らしい悲しみ方だった。

「ごめんな……母さん……」

山科はひとり渋滞の車に閉じ込められて、母親の死にすら泣けない自分を持てあましていた。

利恵も家族と一緒に過ごせなかったことは同じだ。娘の桃は現在二四歳だ。パンクロック好きのティーンエージャーのような格好をして、きりっと濃く眉を描き、母親譲りのとがった外見をしている。利恵よりずっと口数が少ないが、打ち解けて話すとその言葉は驚くほど大人びている。利恵がエアハースの設立準備に奔走していた頃、桃はまだ中学生だった。彼女はその時の母の様子をよく覚えていない。

「あの頃の記憶がないんですよね。だから母のことをどう思っていたのかも、さびしかったのか、さびしくなかったのかも覚えていないんですよ」

覚えていることといえば、どの高校を受験するかを決める大切な三者面談もひとりで出て、ひとりで進路を決めたということぐらいだ。その時は自分で適当に学校を見つけてきて「ここに行きたい」と教師に申し出た。当時の担任も利恵が忙しく留守がちであることを知っていた。「お母さんは忙しそうだからね」と理解があったという。

利恵の当時の話を聞くと、どれほど厳しい現場で奮闘していたか想像できるが、子どもには子どもの気持ちがあった。多感な時期で、まだまだ親に甘えたい年頃だった桃にしてみれば、傷つくこともあったのだろう。

利恵は桃の様子についてこう述べている。

「あの子は昔から弱音を吐かない子でね……。熱を出してもベッドの上で黙って唇かみしめて、じーっと天井を睨《にら》みつけて我慢しているような子だったよ。それにあの子は父親っ子だったからね。すごくさびしい思いをしたんじゃないかな」

桃は今でも男性にまったく興味がない。恋愛は面倒くさい、結婚なんて絶対しないと思っている。利恵は桃のかたくなな態度は、自分たち親の姿を見ているのが原因なのではないかと感じている。

桃は高校時代、母としっくりいかなくなっていた。そして大好きな英語の勉強のために、高校を卒業するとすぐにアメリカに留学してしまい、母子は気持ちが通じ合わないまま離ればなれになった。今は同居して一緒のベッドにもぐり込んでくる桃と、肩を並べてテレビを見る関係だ。だが、その頃はつらかった、と利恵は言う。

長男である利幸は現在二九歳。彼のほうは利恵が忙しくなるまで、しっかり手をかけて育てたせいか、母親にとても理解がある。

彼は神奈川県立霧《きり》が丘《おか》高校でバスケットボール部に所属し、全国大会まで行っている。その頃、まだ働き方に余裕のあった利恵は、毎日手作りのおかずをどっさり入れた弁当を持たせ、父母会を盛り上げて利幸を支えた。教師たちにも積極的に関わり、利幸の友人も息子同様にかわいがった。神奈川はスポーツの強い私学が多い。公立高校で全国大会に行くのは並大抵のことではなかった。

しかし突然限界がやってくる。利幸は靭帯《じんたい》を痛め、コートに立てなくなったのだ。夢はふたつ失われた。ひとつはバスケで大学に進学すること。もうひとつ、当時の夢だったレスキュー隊員になること。その足ではバスケもレスキューも無理なのだと利幸は悟るのである。やがて利幸は大学に進み、今度は警察官になるための勉強を始める。やはり人を助ける現場に惹《ひ》かれた。

利幸は困っている人に頼られるような人になりたかった。親方のような存在になるのが憧《あこが》れだという。もし、困っている人がいたら、真っ先に名前が浮かぶような人でありたい。母親譲りの気質だろう。

しかし、四年生になったある日、利幸は利恵にこう相談される。

「エアハースを手伝ってくれないかな？」

創業者の息子としての重圧は、もちろん生やさしいものではない。しかも利恵の働きぶりを見て利幸自身感じてきたように、遊びたい盛りの若者にとっては過酷な職場だ。

エアハースに入れば、毎日のように遺体と対面しなければならない。外国からの遺体は病院から運ばれてくる遺体とは異なり、場合によっては悲惨な状態のものもある。

利恵は言う。

「トシは小さい頃、怖くて遺体に触れなかったんだよ」

利幸は幼稚園の頃に祖母を亡くしている。

その時彼は、遺体にどうしても触れることができなかった。いつもと違う雰囲気の中、異常な祖母が寝ている。それが「死」だった。小さな利幸は体を硬くしていた。利恵が手を添えて祖母に触らせようとする。だが、それを彼はかたくなに拒んだ。

それでも利幸は、エアハースに入ることを選択した。利幸は父と離れてから、この家庭で長男として自分なりに利恵と桃を支えてきたつもりだ。そして利恵が会社を起こし、どれだけの思いをして仕事をしてきたかを間近で見ている。利恵は、別れた夫から養育費を一銭ももらっていない。女手ひとつで利幸と桃を大学に入れて、桃には留学までさせている。利幸は感謝していた。

「やっぱり家族は支え合わないとね」

今も遺体が怖いかと聞くと、利幸は笑った。

「もう何も怖くないですよ。怖がっていたら仕事なんかできませんからね。あとにも先にも遺体が怖かったのはあの一度きりです。それに俺は『死』についても怖いとは思いません。誰にもいつかは訪れる自然なことだと思うから。そうでなければ、この仕事はできませんよ」

しかし厳しい仕事であることは確かだ。辞めたいと思ったことはないのだろうか？

「ありますよ。二五歳ぐらいまでは、本当にこの仕事でいいのかな、って思っていましたね。警察官の試験は年齢制限がありますからね。この仕事が本当に俺のやりたかったことなのかな、っていうのはあったよね」

そう言うとしばらく考えた後、利幸は口を開く。

「それに、山科会長は厳しくてね。こっちは精いっぱい頑張っているのに、ひどい言われ方をすることがある。そんなふうに言わなくてもいいじゃないか、ということがいっぱいあるわけですよ。大学を出た頃なんて血の気も多いでしょ？　その頃は、『ばか野郎！　ぶっ殺してやる』って心の中で思ったことも正直あります。でも今辞めたら負けたみたいで悔しいじゃないですか。そのうち絶対追い越してやると思いました」

利恵は「あいつはまだまだだよ」と言いながらも、その腕に信頼を寄せている。利幸の部下で新入社員の慎太郎も、利幸の仕事ぶりを心から尊敬している。

真冬でも顔中にびっしょり汗をかいて、まるで仏像でも彫るかのように遺体の処置をする利幸は、自分の命を遺体に吹き込んでいるのではないかと思うほどの気迫を感じさせた。

遺体に顔を寄せて、ほんのわずかな傷にも心血を注ぐさまは職人の祖父譲りであり、完璧主義の利恵の血を引いている。

その性格は彼の身だしなみにも反映されている。彼は身の回りすべてにおいて、利恵に輪をかけてきっちりしている。靴もスーツも車の中もピカピカだ。

一本気で職人肌の利幸と、理想主義で研究者肌の山科。どちらも曲げられないものを持っているがゆえに、しばしばふたりはぶつかった。

しかし、利幸は山科の部下である。我慢するのは若い利幸のほうだった。利幸は利幸で、その若さでいろいろなものを背負っていた。もし事業継承者でなければもう少し気楽にいられただろう。それでもこの会社を支えるためにここにいる。精いっぱいやっているという気持ちがあった。だからこそ山科に怒鳴られると、「どこまでやったら、気が済むんだ」とやりきれない怒りが腹の中にたまった。

山科は山科で、エアハースの行く末を考えていた。二代目を早く一人前にしないと、会社は次のステップに進めない。彼は利幸に大きな期待をかけていた。山科は自分たちの育てた国際霊柩送還の仕事を利幸に託したいと望んでいる。経営はセンスだ。そのセンスを早く身につけ、磨いていかなければならない。山科もまた、トップランナーとして走ってきた会社の行く末を思うと眠れない日が続いた。気持ちが休まらないのだ。ふたりはお互いに、創業者、事業継承者の重責を担っていた。

そして彼らに、自らの役割を更に深く考えさせるようなできごとが起こる。

6

東日本大震災が起きる一七日前の二月二二日、ニュージーランド南島のクライストチャーチ付近でマグニチュード六・三の地震が発生した。現地では一八五人が死亡。このうち日本人留学生二八人を含む一一五人が市中心部のカンタベリーテレビ（ＣＴＶ）ビルの倒壊に巻き込まれて犠牲になった。

利恵は、外務省と保険会社の要請で現地に飛び、遺族支援と遺体・遺骨搬送に携わることになっていた。だが彼女がニュージーランドに出発する当日の三月一一日一四時四六分、日本でも大地震が発生する。

エアハースの事務所も突然の揺れに見舞われた。山科は利恵を成田へ送るために車を回していて揺れに遭う。この状況でニュージーランドへ飛べるのかと山科は案じたが、利恵は「遺族が待っている」と準備をやめようとしなかった。山科は「早く出発したら成田にたどり着けるかもしれない」と、地震直後に利恵を車に乗せ、成田へ向かった。

だが、じきに首都高速道路は通行止めになり、彼らは一般道に入る。そこでふたりを待ち構えていたのは大渋滞だった。二時間かけて木場まではたどり着いたが、その先へ車は一向に進まない。通信障害によりどこにも携帯電話が繋がらなくなったが、唯一名古屋方面へ遺体搬送に出ていた利幸からかかってくる電話だけが繋がった。

「クライアントから成田空港が封鎖されたとの連絡が入りました。待機です」

彼女はその日、渡航を中止せざるをえなかった。市原市の製油所は炎上し、湾岸地帯で広く液状化が起きた。鉄道、高速道路、空港は完全に麻痺し、この日の首都圏の帰宅困難者は五一五万人に上り、路上に人が溢れた。

だが震災から二日後、利恵はクライストチャーチへ飛び、先に現地入りしていたアシスタンス会社の社員とともに、遺族支援、日本人の帰国搬送を担当した。

彼女がお別れの会に使うために持っていった葬具が印象的だった。彼女自らクライストチャーチに運び込んだのは段ボールとキャリーバッグに詰めた総重量五〇キロの荷物だった。中に入っていたのは、線香、線香立て、焼香台、焼香炉、そして骨箸に数珠だ。

私はジャパニーズスタイルの葬式にこだわりがない。たぶん多くの日本人はそうだろう。むしろ焼香をして経文を唱えるあのスタイルにいったい何の意味があるのだろう、と誰もが思っているのではないか。

だが、利恵は言うのだ。

「異国だからこそ日本式で送り出してあげたいんだよ。形ばかりのお悔やみよりも静かに立ちのぼる線香の煙のほうが、人の心の慰めになることもある。お香やお線香なんて普段はありきたりでなんとも思わないかもしれないね。でも、なんでだろうね……。讃《さん》美歌《びか》でもなくミサでもなく、日本人の心を焼香の香りが静めるってことがあるんだよ」

利恵はホテルで枕団子を作り斎場へ持っていき、それを焼香台の横に供えた。香が焚《た》かれ、線香の煙が立ちのぼる。日本と同じ煙、日本と同じ香りだった。

「もちろん家族のご意向は尊重するよ。でも喜んでくださる方は多かった」

その言葉を裏付けるようにアシスタンス会社の社員は言う。

「なんで異国にいるとあんなにお香の香りが懐かしいんでしょうね。なんで線香の香りがあれほど人の心を打つんだろうと不思議な気持ちでした。心が落ち着いたし、震災もあったからよけいに日本のことばかり思い出しました」

今回の葬儀に立ち会った現地葬儀社のマネージャー、トニー・ガーリングは利恵とともに阿吽《あうん》の呼吸で会を進行した。葬儀に携わる人の独特の心遣いと間合いは、国境を越えるのだと利恵は思った。現地の習慣では火葬する際の温度が高すぎて、遺骨が残らずアッシュ（遺灰）になってしまう。そこを彼は、日本の遺族の心情を考慮し、利恵の要請に応《こた》えて遺骨で日本に帰国できるようにと調整している。

道を行き交うクライストチャーチの人々も日本人に優しく、それが利恵には救いだった。ホテルで行き合った背の高い老人は利恵を見るなり、大きな腕を広げると、「君たちの悲しみはとてもよくわかるよ」と涙を流して彼女を抱きしめた。すると、次々とその場にいた人たちも近寄ってきて利恵を抱きしめた。彼らの心情がぬくもりから伝わってきたと利恵は言う。


その時期、遺体が帰り着くはずの日本もまた平和ではなかった。震災が起こってから七日後、日本に残っていた山科と中国人社員のザンは、全国霊柩自動車協会の要請を受けて遺体搬送のボランティアのために宮城県入りすることにした。第一陣だった。

山科は当日までに警察に届け出をして「緊急車両」の適用を受けた。そして水、食糧、寝袋、カップラーメン、ティッシュ、トイレットペーパーなどありったけのものを積み込んで霊柩車を駆って東北に向かう。

道は隆起しうねり、陸橋は曲がり、道路に覆いかぶさっていた。一般車両通行止めの高速道路は気味が悪いほど車通りがない。対向車線を自衛隊の車が何十台も連なって走っている。パーキングにいるのも自衛隊の隊員だけだった。

現地に着くと、津波で町も村も失われ、見渡す限り瓦礫《がれき》の地と化していた。

山科はまず集合場所である葬儀社へ向かうことにした。そこには一〇〇人ほどのボランティアが集まり、棺《ひつぎ》の組み立てなどを行っている。顔を合わせたメンバーは北海道から来た人が多かった。

山科は、宮城県内の体育館へ遺体搬出の仕事に向かった。外では自衛隊が遺体を水で洗っていた。館内へ足を一歩踏み入れると、山科は被害の大きさを改めて知ることになった。体育館に並べられていたのは一〇〇〇体を超える遺体だったのだ。簡易パーティションで仕切られた奥では医師による検死が行われていた。

ショックな光景だったかと思うが、山科はこう言う。

「もう二〇年以上毎日のように遺体を見つめてきたんですよ。ショックっていうのとは、……ちょっと違うんですよね」

彼は今までも災害や事件で多数の遺体を運んでいる。その口調はいたって冷静だ。山科は、まずこの現状をどう動かしていくべきなのかを考えた。

「この数の遺体をどんな順番で、どう運ぶのか。それが気になりましたよね」

こういう場面に遭遇した時の、山科の心情はいかなるものなのだろう。

「現場で働く人間には、悲しんだり衝撃を受けたりというスイッチが入ることはないものですよ。僕らが悲しむと確実に手が止まるでしょう？　それでは、遺族のためにも亡くなった人のためにもならない。自分の感情に気を取られている暇なんかないんです。

涙なんか流していたりしたら仕事は務まらない。それじゃあプロとは呼べないですよ」

ドラマで涙を流すシーンがあるが、と問うと、山科は苦笑いを浮かべた。

「あれは現場を知らない人の想像でしょう。ちょっと違うんじゃないかな、と思いますね。遺族より先に泣き出す葬儀屋に仕事を頼めますか？」

冷静に対処できるからこそ、山科は危険を顧みず社員とともに現場に入った。誰にでもできる仕事ではないから、自分たちの経験が生かされると思ったのだ。

だが残念ながら、今までの経験がさほど生かされたとは言えなかった。

「運べたのは一日一体だったんだ」

「え？」

思わず聞き返すと、彼は自嘲《じちょう》気味に言う。

「いや、運べたのは、一日平均一体だったんですよ……。まだきちんとした搬出ルートが確立されていない時期でした。葬儀社と遺族で葬儀を行うという話し合いがまとまると、その葬儀社に柩を運ぶ。それぐらいしか搬出先がなかったんですよね。こっちは霊柩車で来て一体でも多くの遺体を運ぼうと思っていた。それがいったい何のために来たんだか。『これじゃあ葬儀社の手先じゃないか』ってふて腐れていた仲間もいました。でも、町全体が壊滅的被害を受けて混乱状態だったから、遺体引き取りのオペレーションがうまくいってなかったんです。強烈なリーダーシップを取る人間が必要だったんでしょうけど、たぶん行政自体も相当なダメージを受けているんだろうと察しました。入ったのが最初の頃だったからね。ほかの安置所ではどんどん搬送できているところもあったらしいですよ。そこは行政の建物が無事だった。だから全体としては決して無駄だったわけじゃないんです」

そう淡々と語る。

「現地ではガソリンが不足していて、道にずらーっと車が並んで給油を待っていてね。遺体搬送の途中で仲間が給油しようとしたら、『本当の緊急車両が先です』って店員に言われたそうで、彼は怒っていましたよ。そりゃそうだよね。『本当のとはなんだ！ならご遺体をここに置いていくぞ。お前が運べ！』なんて本気でケンカしていました。

ほかの安置所ではこんなこともありました。仲間が弔意を示すために喪服を着て遺体の搬送に出向いたんです。私たちはどんな時にもきちんとするのが礼儀だと思っていますから、きちんとして行った。それが礼儀だろうと。

ところが、石を投げられたんですよ。『お前らばっかりいい洋服着やがって！』って言われたそうです。現場じゃ作業着がよかったって言うんですね。きれいごとばかりじゃない……。いろいろあったんですよ」

夜になると明かりのない闇の中に閉じ込められた。ヘッドライトに浮かびあがる瓦礫を、注意深く避けながら進む。三月とはいえ、大地には寒風が吹きすさんでいた。

「これでガス欠になったら、自分たちも遭難しかねない」

人の気配の絶えた世界だった。

ほかの場所に行った仲間から連絡が入る。

「魚市場のようなところに、納体袋に入った遺体が足の踏み場もないほど並べられている……。しかもご遺体はみんな地べたに寝かされてるんだ。……地獄だ……」

葬儀業者は柩であろうと地面に直接置いたりはしない。だからむしろそういうところに、やりきれなさを感じてしまう。

だが、山科は遺体搬送に行ってよかったと思うこともあった。

「東松島《ひがしまつしま》の遺体収容所にお迎えに行ったんですよね。そこでは次の日に強制的な仮埋葬が行われるという話だった。でも、遺族が我々のことを知って連絡をくれた。遺族にはずいぶん喜ばれましたよ。『よかった、ありがとう、ありがとう』ってね」

たくさんの遺体が残される中から、一体を乗せて収容所をあとにした。

彼らが東京へ戻る日にも、さいたま市大宮区《おおみやく》の火葬場まで遺体を搬送した。

役に立ててよかったと山科は思っている。しかし、もっとやれたはずだとも思う。

その後の被災地の状況については「ＳＯＧＩ」通信№57に詳しい。以下引用する。

「（略）東京等が受け入れ、火葬が可能となるや親族に掘り起こそうという動きが出たものだから、自治体は仮埋葬した全遺体を掘り起こし、火葬することにした。

だが、再掘作業は容易ではなかった。日本で現在使用されている木棺は火葬に適するように、軽く、燃えやすいようにできている。それゆえ一メートル以上の土の重みや湿気を想定していない。掘り起こされた柩は潰《つぶ》れて崩れた状態にあり、内部の遺体の腐敗は進行していた。掘り返し、遺体を洗浄し、新たな棺に入れ、火葬場に送った。

仮埋葬と再掘の作業にあたった人は、ひたすら死者の尊厳と遺族の気持ちを考えて黙々と過酷な作業を行った。地域により葬祭業者、建設業者等の手によって。

そもそも『仮埋葬』と言ったのは『仮処置』で、過渡的な葬りであったからだ。だが二年間としたのは、白骨化の期間を想定し、二年は掘り返さないことを暗黙の前提としていたはずである。だが遺族はそれを待てなかった。死者への想いがそれほど切迫していたのだろう」

全国霊柩自動車協会によると、二〇一一年三月の震災発生直後から五月末までのピーク時には岩手・宮城・福島・東京（都と被災県との協定による搬送）の四自治体に一九〇事業者から延べ九四〇台が出動、一五〇〇体以上の遺体を運んでいる。このうち岩手、宮城両県ではほとんどが「ボランティア」として稼働。規定の運賃、料金とはほど遠い報酬で過酷な遺体搬送に従事していた（物流ウィークリー「遺体搬送はボランティアか規定運賃とほど遠い報酬」より）。

そのことに関して苦情は一件も寄せられていないという。どの業者も少しでも役に立ちたいという心情で集まってきたのだ。しかし、きっとまた近いうちに災害による死者は出るだろう。その時どうするのか、どう運ぶのか。今から考えておくべきことはまだまだあると山科は思っている。

彼らの留守中、エアハースの海外搬送業務では、福島第一原発の放射能漏れが影を落とした。風評被害が外国に広がり遺体の出国に影響を与えたのである。

外国人の遺体搬送のためフライトの予約をしていたルフトハンザ航空からは、突然航空機への柩の搭載をキャンセルされた。原発事故とは何の関係もない遺体だ。搬送前日のことだった。

航空業界では情報が錯綜《さくそう》していた。日本から届く貨物はすべて放射性物質による汚染の心配があると敬遠されたのである。社員たちは懸命にフライト便を探していた。ニュージーランドで連絡を受けた利恵は、全日空のキーパーソンに直接掛け合い、遺体を運ぶ便を確保した。日本にいた社員たちは急きょフライトをＡＮＡへ変更して、遅れることなく柩を送り届けたのである。

震災の混乱が続く中、利恵が右腕と信頼していた中国人社員ザンが辞めた。東日本大震災の現場まで行って山科とともに遺体搬送に携わった社員だ。

利恵は彼を正社員として雇うに当たって、中国へ出向いて両親に挨拶し、その後、わが子同然にかわいがった。ザンの家族とも親戚同然に付き合うなど、家族の一員と思って接してきたのだ。

しかし彼は、母親の病気を理由に「長期休暇がほしい」と、ひとこと残し、突然辞表を出して国へ帰ってしまった。

母親が放射能汚染を心配して呼び戻したという事情もあったのだろう。当時の状況を考えてみれば、精神的にも肉体的にも社員への負荷のかかり方は尋常ではなかったはずだ。しかし、利恵の受けたショックは大きかった。

「一番必要とされている時に辞めるなんて……」

大変な状況の中にいる同僚たちを置いてでも、逃げて帰りたくなるほどの精神状態だったのだろう。

二〇一一年、彼らはたび重なる大災害を通じて、死に関わる仕事の重要性をより一層強く感じることになった。この仕事は社会の静脈である。自分たちが正常に動かなければ、この社会も動かない。彼らはそれを実感したのだ。

ドライバー

しんしんとした寒さが、足元から伝わってくるような日のことだ。

羽田空港国際線貨物ターミナルの一角にある処置房で、ドライバーの古箭は、床に置かれた日本製の棺《ひつぎ》の中に横たわっていた。

サイズは六尺、材質は総桐《そうぎり》で、蓋《ふた》に美しい彫刻が施されている。

棺の中は意外と快適だった。

これは映画『おくりびと』で使われたのと同じ棺だそうだ。

一番若い慎太郎が、細い腰を折って古箭の顔の前にカメラを近づけるとシャッターを押す。

「目は閉じたほうがいいかもしれません」

パシャリ、パシャリ。フラッシュが焚《た》かれる。

「ああ、いいですね。死んでるみたいです」

慎太郎が、からかうようにそう声をかけるので、

「何がいいんだよ！」

と、古箭がそれにつっ込んで笑った。

目を開けると、房の高い天井が見える。

死ぬってどんな気持ちかなあ……と古箭は考える。

両脇には日本の棺をはじめ、各国のさまざまな棺が積まれている。アメリカ軍が使う簡易な棺もあれば、重厚なドラキュラ棺もある。巨大な一斗缶のような金属棺はハワイのものだ。

古箭は白いものがまじってゴマ塩になった短髪をなでながら、小柄な体をむくりと起こした。

古箭は四〇代後半だ。彼は二五年間、ある運送会社の運転手をしていた。エアハースに移ってきたのは、最近のことだ。

とても人がよくて涙もろい。人柄といい外見といい、ドラマの刑事ものにひとりはいる「ホトケの〇〇さん」とあだ名のつきそうな人だ。

古箭と慎太郎は数百メートル先の事務所に歩いて戻った。そして慎太郎は今しがた古箭を撮っていたキヤノンのコンパクトカメラを利恵に渡す。

利恵はそれをパソコンに繋ぐと、アメリカの葬儀会社に電話をかけてやりとりを始めた。

「わかった？　日本ではこうやって棺に納めるのよ」

相手はアメリカにある日系の葬儀社だ。存命の日系人が映画『おくりびと』を見て、とても感激し、同じ棺を生きているうちに取り寄せたいと望んだ。そこで利恵は日本中を探してこれを見つけたのだ。

だが、ジャパニーズスタイルの棺にはどうやって遺体を納めるのかわからないと、アメリカの葬儀社が問い合わせてきた。

そこで古箭がモデルになって棺に納まり、「遺体の納め方」の見本になっていたというわけだ。

古箭の画像を見れば一目でどう安置するかがわかる。画像をメールで送り、今、利恵がその葬儀社に説明するために電話をしている。

「とてもよくわかった」と、アメリカの葬儀社の男は言っている。

「で、こっちに写っているスティックはどう使うんだい？」

「え？　スティック？」

利恵が聞き返す。

棺についている白装束一式の中に入っている「杖」のことだ。そこには、わらじもセットになっている。

「ああ、杖はね、日本の仏教のある宗派が使うものだよ。人は死んだら極楽浄土へ旅をしなきゃいけないっていう考えがあるの。杖はその旅をするために一緒に納めるんだよ」

仏教の白装束は極楽浄土へ至る巡礼の支度だ。昔は家族でそれを着せた。経帷子《きようかたびら》を左前に合わせ、手には手甲《てつこう》、足には脚絆《きやはん》をつける。六文銭《ろくもんせん》の入った頭陀袋《ずだぶくろ》を首からかけて杖を持たせ、わらじを履かせて、死後の世界へと旅立たせる。

三途の川は冥土《めいど》に行く途中にあり、緩急の差のある三つの瀬がある。六文銭は三途の川の渡し賃だ。浄土真宗では念仏の信受で阿弥陀様《あみださま》のご加護が受けられ、旅をしなくても西方浄土に行ける。だから杖はいらないのだ。

電話の向こうではジョークを飛ばしている。

「オー、なるほど。ゴクラクジョード。アメリカにはサンズノカワもないしね。あるのはハドソン川ぐらいだよ」

その後、ハッハハッハと大きな笑い声がした。利恵はつられて首をすくめる。

電話を切ると、古箭にOKサインを出した。

「ごくろうさん」

古箭は満足げにうなずいた。

古箭はエアハースに転職する前の二五年間、トラックの運転手として新聞を運んでいた。トラックの運転手になったのには特に深い考えがあったわけではない。高校の時に一緒に遊んでいた先輩がその運送会社に就職していた。古箭はなんとなくといった感じで先輩のいる会社に就職したのだ。

彼は二五年間、夜に走って、昼に休息を取る生活を続けていた。

彼が入社して初めて走ったルートは東京―静岡《しずおか》間だ。東京の印刷所で刷ったばかりの新聞を静岡方面に毎日トラックで運送する。出発するのは夜の一一時頃だ。沼津《ぬまづ》インターで降りて、沼津、静岡の販売所数カ所に新聞を降ろし、仕事が終わるのは午前三時になる。

空のままでトラックが戻ってくるのはもったいないので、たいてい帰りはマルハの缶詰工場から荷を積んで戻り、届ける。それが日課だった。

走るのはさほど苦にならなかった。そのキャリアが今、古箭を支えている。

帰りの荷がない時は、富士川サービスエリアで仮眠を取る。朝起きると、フロントガラスの向こうには朝焼けの富士山がきれいに見えた。特に冬の雄大さは格別だった。

「あそこからは、富士山がすごく大きく見えるんですよね。特等席でした。私ほどあんなにきれいな富士山をたくさん見た人はいないんじゃないでしょうか。今考えればすごく贅沢《ぜいたく》だったと思います。富士山を見ると、普段は感じないのにやっぱり日本人なんだなあ、と思いますね」

　その彼が二五年間働いていた仕事を辞めてエアハースに転職した。その理由をこう言う。

「高校まではやんちゃしててね。母親にずいぶん迷惑かけたんですよ。その母親が、私が就職する時にこう言いました。『就職したら、今までみたいに私が謝りに行くわけにはいかないのよ。もう二度と社会にご迷惑かけちゃだめよ』

　なんだろうなあ。ずっとその約束を守るために頑張っていたような気がするんですよ」

　今にして思えば、母親との約束が、たいした事故にも遭わずに無事勤められたお守りとなっていたのかもしれないという。

　だが、最近彼は父と母を相次いで亡くした。

「母が亡くなった時にね、ああ、……あの約束はもう果たせたかな、と思ったんですよ。二五年間働いてきたでしょ？　なんとなくね。新天地に行ってみたくなったわけです」

　古箭の母は、寝たきりになってしばらく入院していた。古箭も週に二度は病院に通い、できる限りのことはしてきた。長患いの末の往生であったため、引き裂かれるような悲しみというよりは、穏やかな気持ちで死を受け入れることができた、と古箭は思っている。

そのせいだろうか、「霊柩車《れいきゅうしゃ》のドライバー」という求人票をハローワークで見つけた時には、何か縁のようなものを感じたという。古箭が電話で問い合わせると、面接に来てくれと言われる。そして、そこで出会ったのが利恵だった。

その面接で、利恵にこんなことを言われたのを古箭は覚えている。

「ご遺体は代えのきかない大切なものなの。だから、うちには荒っぽい運転手はいらない。教習所のような運転をする人が必要なのよ。できる？」

幸いなことに運転は慎重なほうだったし、大きな事故も起こしていない。その点は大丈夫だと請け合った。だが、国際霊柩送還という現場で働くことは、当然毎日のように遺体と対面することになる。その点は平気かとも利恵に心配されたそうだ。

「その頃ちょうど母親を送ったんで、死を身近に感じていたんでしょうね。別に抵抗はありませんでした。それにご遺体を穢らわしいとか、怖いとか思ったことも一度もありません。誰かがやらなければならない仕事ですし、人のお役に立てる仕事です。やり甲《が》斐《い》と言うとちょっと語弊がありますが、誇りを持って仕事をしています。なくてはならない大事な仕事だと思います」

彼がこの仕事をとても大切なものだと実感したのは、入社してまだ間もない時のことだった。

　海外で入院していたある中年の男性が亡くなり、その遺体が羽田空港に着いた。彼の妻が待つ家へ運ぶために、古箭と利幸、慎太郎が、いつものように遺体を整えようとしていた時のことだ。

　彼らは故人の首が左に少し傾いていることに気がついた。死後、時間が経過していると、遺体は変な癖がついたまま硬直してしまうことがある。遺族はそういう姿をとても悲しむ。そこで、彼らは根気よくマッサージをして硬直を解いていくのである。さすったりゆすったりしながら少しずつ可動域を広げ、なんとか姿勢を変えていくのだ。

　しかし、どうしても首の傾きが直らない。その時ばかりはまるで故人の意思のようなものを感じたという。

　エアハースの社員たちはとうとう首の傾きを直すことを断念し、古箭は霊柩車を運転して故人を家に送り届けて遺体を安置した。

　そこで待っていたのは、この男性と長年連れ添った妻だった。

　その時、古箭は頭を下げて詫《わ》びたのだそうだ。

「すみません、奥様。どうしても首を左にかしげているのだけは直らなくて……」

　すると妻の目にはみるみるうちに涙がたまったが、次の瞬間には意外にも古箭ににっこりと微笑んだのだという。

「いいえ、いいんです。無理に直さないでくださってありがとう……。彼は生前から首を左にかしげるのが癖でした。だから私はいつも左側に添い寝していたんです。頭をくっつけて寝るんです。そうするとちょうど私の顔が見えるから都合がいいね、って私たちはそう言っていました。夫と私のとても幸せな思い出です。

だからあの人が首をかしげて帰ってきたのを見た時、『ああ、主人だ……』って思いました。ありがとうございます。夫をこんなところまで送り届けてくださって。こんなに穏やかな顔にして戻してくださって。本当に感謝しています」

この時、古箭にはエアハースがこの世に存在することの本当の意味がわかったという。入社して間もない頃は遺体を運んで遺族と顔を合わせるのが怖かった。遺体と対面するなんて、遺族にとってこれほどつらいことはないだろうと思ったからだ。

だが遺族は決まって喜んでくれた。「あんなに遠い国から、私たちのもとに帰してもらって、本当にありがとう」と言う人もいれば、「眠っているように見える。穏やかな顔で帰してくれてありがとう」と言う人もいる。だが、どちらにしても遺族の口から聞こえてくる言葉は、恨みごとではなく感謝の言葉なのだった。

遺体を家族のもとに届けることは、これほどまでに遺族の気持ちを慰めることなのかと送り届けるたびに実感した。もしかしたら、霊柩業務なんてと世間では眉をひそめるかもしれない。だが、こういうふうに人の役に立っている。無事に遺体を家族のもとに届けることが、自分たちにとっての誇りだった。最近昔の友人から、顔が柔和になったとよく言われる。きっと人に感謝される仕事をしているからなのだろう、と古箭は思っている。

しかし、もちろん遺族は愛する人を永遠に亡くしたのだ。そう思うと、古箭は一層切ない気持ちになった。

古箭にとって死とは何か。実はつい最近、古箭にショックなできごとがあった。

古箭が以前勤めていた運送会社に、六〇代の先輩がいた。

その人は顔の皮膚が変質してしまう病にかかっていた。先天性のものだったという。

彼の姿が気に入らなかったのか、なぜか周囲には彼を露骨に避ける人がいた。唇がめくれ上がってうまく口が閉じないため、食べ物がこぼれたり、飲み物がたれたりする。それをとても嫌ったのである。

だが、古箭はなぜ周囲の人がそういう振る舞いをするのかわからなかった。皮膚一枚が彼の価値と何の関係があるのだろう。古箭だけが長い間、彼の友人だった。

先輩は、手術をして症状を治すつもりで東京へ出てきた。しかし、手術は何度やってもうまくいかなかった。

「田舎には、このまんまじゃ帰れないよ」

いつか先輩はそんな言葉を漏らしていた。田舎でも嫌な目に遭ったのだろう。彼は故郷へ帰ろうとはしなかった。ひどく落ち込んでいるように見える時もあったが、「もし、自殺するならとっくにしているさ」と言って、よからぬことを考えているのではないかと心配する古箭を、安心させた。古箭がエアハースに転職してからも、一カ月に一度は会ってご飯を食べる仲だったのだ。

その先輩が、「古箭がいないなら、会社にいてもつまんないからさあ」と会社を辞めてしまった。

ある日、いつものように電話がかかってきた。

「今度さあ、また飯食いたいね。一杯やりたいね」

いつもと同じ調子、いつもと同じ明るい声だった。

「うん、また会おうよ」

古箭はそう言って電話を切る。

しかし先輩は電話の一カ月後、自分の部屋で首を吊《つ》った状態で見つかる。

自殺だった。

「なんでだよ、と思いました。あの電話はなんだったの？　と。いつもと変わらなかったんですよ。心配ごとがあるならあると言ってほしかった。さびしいならさびしいと言ってほしかった。死にたいなら、死にたいと……。きっと自殺してしまう人は、それすら言えない状態なんでしょうね。でも……、なんとかならなかったのかなあって。……あの時、気づいてやれなかったのかなあって。もう、会えないんですよね」

田舎から先輩の姉が遺骨を引き取りにやってきた。

まさか、自分の友人とこんな別れ方をするなんて。

古簱はまだ悲しみの中にいた。

エアハースは死を扱う仕事だ。だが社員もまた、自分の大切な人の死に遭遇する。親しい人を亡くしたあとは、より遺族に共感し、より悲しみが深くなることもある。どんな死でもとても悲しい。どんな年齢でもどんな人でも、家族の姿を見ると、涙がこぼれてくる。

「でもね。……やっぱり、自殺された方のご家族を見るのは一番つらい。今年は特に自殺が多くてね、もう両手の指で数えられないほどの人を運びました。普通海外といった晴れがましい場所だと思うんです。観光だったり、ビジネスだったり、楽しい場所であるはずじゃないですか。それが自殺なんて悲しいですよ。

いろいろなご遺体を運ぶでしょう？　自然死の場合には、ご遺体と対面して笑顔になる人もいるんですよ。でも、自殺は空気がたまらなく重い。名前を叫んで家族が足をさすっている場面も見ました。『どうして？　どうして？』と何度も問いかけている場面も見ました」

そう言いながら、古箭の目は潤む。

だが、たとえ遺族にとってどれほどつらい対面であっても、遺体を日本の家族のもとへ帰すこと、そして日本できちんとお別れをすることは何より大事なのだと古箭は考えている。

「人って区切りをつけることが必要なんですよ。海外で故人を送るのと日本で送るのじゃやっぱり違う。きちんとしてやれた、と思えることが、これほどの苦しみの中でもほんの少しの救いになるんです。葬式なんて普段は必要ないと思うでしょう？　でもね、そういう現場をいくつも見ていると思います。ああ、やっぱり必要なんだなって。そして、きちんと葬式をしてやれたってことは大事なんだなって。あんなにつらい目に遭っている人がすごく感謝してくれるんですよ。ありがとう、ありがとうってね」

ある日古箭が東南アジア方面から帰ってきた柩《ひつぎ》を開けると、まだ二〇代の若者がそこに横たわっていた。死因は縊死《いし》。自殺だった。

「ああ」と、古箭は声を上げる。

「お兄ちゃん、なんで死んじゃったんだよ。なんとかなんなかったのかよ」

古箭はまた泣いていた。

ほんの数百メートル先には、旅客ターミナルがある。おみやげを両手にたくさん持った旅行帰りの人々が、出迎えの人と再会を喜び合う場所だ。外にはのどかな青い空が広がっていて、小さな鳥がさえずりながらターミナルの芝生の中で餌《えさ》をついばんでいる。

しかし、ほの暗い処置車の中で故人はそこに横たわっていた。

自殺の時についた首の傷に、海外で防腐液を入れるために鎖骨の辺りと足の付け根についた傷、そして解剖痕。それがたまらなく痛ましかった。

親にもらった体に傷をつけちゃいけない、なんて古い考えだと思っていたが、やはりそれは正しい、と思う。

利幸と慎太郎が、なんとか傷が目立たないようにとかがみ込んで修復している。生きている時になかった傷だけは、どうにかしてなくしてあげたい。

処置が進み、みるみるうちに穏やかになっていく顔を見て、古箭はまた泣いた。

「きれいになったぞ。お兄ちゃん。今、家族のもとへ帰してやるからな」

きれいに支度が済んだ遺体を霊柩車に乗せて、東北方面へと出発する。

利恵には今でも言われている。

「ご遺体は代えがきかないから、教習所のように安全な運転を」と。

「出発しまーす」「右に曲がりまーす」

遺体を無事に家族のもとへ。その想いが、ドライバー歴二五年のベテランにそう声を出させる。

長い運転のあと、柩を家の中に運び込む。

精いっぱいやってあげたはずだ。

でも、古箭が運んだ柩に集まる人々から、悲鳴のような声が上がるといたたまれない。

「どうして死んじゃったの？」

「なんで死んじゃったんだ？」

あまりにつらい別れだと思う。

古箭が頭を下げて去ろうとすると、追いかけてきた遺族に何度も頭を下げられた。

「ありがとう。連れてきてくれてありがとう」

古箭は言葉にならず、頭を軽く振った。

いいえ、……、いいえ、……。

喜んでくれている。

絶望からは決して救えなくても、それでも役に立てている。そう思うと、苦労をして運転してきてよかったと思う。

だが、それでもやりきれない。帰りは空の霊柩車を運転して、長い距離のドライブになる。

古箭には特にストレス解消方法はない。仕事の悲しい思いは記憶の引き出しにしまって、なるべく思い出さないようにしようと思う。

しかし、ハンドルを握っている時には忘れていたはずの光景が、電車に乗っている時にふっと頭の片隅に戻ってきて、古箭を切ない気持ちにさせて困るという。

それからも、彼はまた毎日のように車を走らせている。ある時は東北まで、ある時は関西まで。彼は長距離を走って遺族のもとへ遺体を送り届ける。

しばらく経ったある日、ハンドルを握っていてこんなことがあった。湘南《しょうなん》方面へ遺体を届けた帰りだった。高速に乗っていると、なにげなく見た景色の中に真冬の富士山がくっきりと見えたのである。

若い頃、新聞を毎日のように輸送して見ていたなじみのある山である。その姿があまりに鮮やかだったので、彼は若い頃のことや、自分の母親のこと、自殺した先輩のことなど、いろいろなことを思い出した。

古箭はその時、「あ……」と思った。

自殺したあのお兄ちゃんは、それでも日本に帰ってきたんだよなあ。

それでも、自分の国、日本で荼毘に付されたんだよなあ。

そう思った瞬間、古箭の両の目からぼろぼろと涙がこぼれた。

なぜか、泣けて、泣けてしかたがなかった。

日本人だなんて意識することは普段ないのに、どうして死の現場では日本を想うのだろう。どうしてこれほどまでに日本の景色は美しいのだろう。

あのお兄ちゃん、日本に帰れてよかったなあ。

富士山は雲ひとつない空に、真っ白い雪をたたえて美しい稜線《りょうせん》を描いていた。古箭はこの光景を二度と忘れないだろうと思った。

取材者

時々思うことがある。なぜ私は国際霊柩《れいきゆう》送還の取材をしたかったのだろう。日本語教師の時に疑問に感じたからといって、ここまでするだろうか。

確かに何人かの親しい人の死に遭遇したことはあった。だがそれは誰にでもあるようなできごとで、特別に私に降りかかってきた悲劇とも思えない。核家族で育った私には家族との死別体験すらなかった。心当たりといえば、母が弟を早産し、その日のうちに亡くしてしまったことぐらいだ。

それが私に何の影響を与えているのだろう。

そこまで考えて、心に引っかかるものがあった。そういえば私は、母が弟を産んだ日のことを詳しく聞いたことがない。家族の間でもなんとなく話題にしづらいことはあるものだ。そんなことをいまさら持ち出されるのも嫌だろうと思っていたのである。私は他人に録音機を向けながら、家族には死について話題にもできないのだ。

母は私が三歳の時、男の子を産んでその日のうちに亡くしている。当時住んでいた社宅の清掃で、身重にもかかわらずマンホールの蓋《ふた》を持ち上げたのが原因だと聞かされていた。慎重な母が、そんなことをするだろうかと疑問に思ったが、父も母も、そのことについてそれ以上語ることはなかったし、あまり思い出したくないのだろうと考えていた。

だが六〇代の前半に、母は大脳皮質基底核変性症という一〇万人に二人しかかからない難病にかかった。まず手が震え、次第に歩けなくなり、しゃべれなくなってと、彼女の体の機能はひとつ、またひとつとゆっくりと失われていく。そしてもう嚥下《えんげ》もうまく行えず食事も取れなくなるという頃、母のしたことは、田舎《いなか》から弟の位牌《いはい》を引き取って死んだ子どもに手を合わせることだった。

私は実家に置かれた仏壇を見て、やはり母心なのだろう、と思った。自分も出産を経験している。亡くなった子に手を合わせる母の気持ちは同じ女として察しがついた。しかし、心の底では恐ろしかった。母は弟と同じところへ旅立つ準備をしているのではないか。なんとなく仏壇に向き合うことを躊躇《ちゆうちよ》する気持ちがあって、近づくことすらしなかった。

改めて仏壇の前で手を合わせてみる。すると妙な違和感を覚えて心がざわついた。なぜ母は妊娠しているさなか、重いマンホールの蓋など持ち上げたのだろう。そもそもなぜもっと前に手元に位牌を置こうとしなかったのだろう。

私が心に思ったことを質問すると、母はもういいと思ったのか、弟が亡くなった時のいきさつを話してくれた。

その日、まだ物心のついていなかった私は、母が目を離した隙《すき》にひとりで家を抜け出して小さな冒険をしたのだそうだ。

おぼつかない足どりで向かって行った先には大きな産業道路があり、小さな子がひとりで歩けば確実に車に轢《ひ》かれて死んでしまうような場所だったらしい。身重の母は私がその道へ向かっているのに気づくと、はだしで外へ飛び出して、私の名を叫びながら追いかけた。全力で走って無事な私を見つけると思わず抱きしめた。

同じ日、母は臨月を待たずに弟を産み、数時間後に弟は亡くなった。その後母は体調を崩し、私はしばらくの間祖母の家に預けられた。

幼い私は、私のせいで家族に何かとても悪いことが起こって、母と引き離されたのだと思っていた。

私が無用な罪悪感を抱かぬようにと案じたのだろう。真相は長い間話されずにきた。

だが母は弟のことを忘れてはいなかった。きちんと手も合わせてやれなかったのがずっと心残りだったのか、体の自由がきかなくなった母が残された力を使ってしたことは、田舎に預けて離れればなれになっていた子どもの位牌を自分の手元に迎えることだった。

四〇年という歳月をかけて、やっと息子は母のもとへと帰ってきた。

　母は弔い損ねた人だった。


　それを聞いて私は驚いた。だが同時に、心の奥深いところで昔からそれを「知っていた」という感覚があった。だからなのだろうか。真相を聞かされたあとにじわじわと心に湧き上がってきたのは、不思議な安堵《あんど》の気持ちだった。私の人生最初のつまずきは、つらいことだったのかもしれない。だが受け止めきれないようなものでもなかった。むしろ長い間何が起きたのかわからなかったため、由来のわからない恐怖となっていた。

　幼い頃の記憶に、まだ若くて美しい母が泣いている光景がある。私は小さな頃から、説明のつかない罪悪感を抱いていた。母の体調が悪いとなぜか私のせいだと自分を責めた。

　それが、心の中でほどけようとしている。

　悲嘆はくぐり抜けることによってしか癒《いや》されない。事実を知った時の私は、何かに赦《ゆる》された、という心境だった。

　私はずっと家族に守られていた。両親は亡くなった子への想《おも》いを秘め続け、ようやくそばに呼び寄せることができた。弔い損なうと人は悔いを残す。母はやっと安堵することができたのではないだろうか。今は瞼《まぶた》しか動かすことができない母の視線の先には、仏壇がある。

エアハースの行っている遺体搬送は、悲嘆に遺族を向き合わせる行為だ。弔いは亡き人を甦《よみがえ》らせたりしない。悲しみを小さくしたりもしない。かえってとり返しのつかない喪失に気づかせ、悲しみを深くするかもしれない。

だが、悲しみぬかなければ悲嘆はその人を捉《とら》えていつまでも放さない。私は心のどこかで知っていたのだと思う。国際霊柩送還とは人を悲嘆に向き合わせることにより、人を救う仕事なのだ。

感情が落ち着いた頃、私は弟の存在を感じるようになった。彼は私が死んでいたら生きていたかもしれない人。ずっと失われてきた私の半身だ。

悲嘆をくぐり抜けた時、亡き人は別の形で戻ってくる。そばにいて励まし、力を与えてくれる存在になる。

それは会ったことのない弟との、時間を超えた不思議な邂逅《かいこう》だった。

CHIBA
鉄道 Railways

二代目

1

ある日、私がエアハースの事務所に顔を出すと、利恵が携帯電話を片手に何か話し込んでいた。

社員たちに聞くと、もうかれこれ一時間も遺族とオーストラリアからの遺骨の引き取りを巡って話をしているらしい。私の顔を見ると、利恵はちょうどよかったと言わんばかりに手招きして、電話口に私を呼んだ。彼女は、「実はライターがうちに出入りしているんだけど、今回の件について話を聞かせてくれない？」と相手に頼んでいる。

電話の向こうは、今までなかなか引き取り手の見つからなかった遺骨の親族らしい。今回はその人がいやいや遺骨を引き取ることになったのだそうだ。まるで町内会の役員に不運にもくじ引きで当たってしまったかのような口調が印象的だった。先方はなぜ今まで引き取らなかったのか、たくさん話したいことがあるらしいが、その感情を誰にもぶつけられない。それで話を聞いてほしいようなのだ。

私は利幸に同行して、まず遺骨を成田空港まで引き取りに行き、その後遺族のもとへそれを届けに行くことにした。


私たちは霊柩車に乗り込み、成田空港へ向かう。ただし霊柩車といってもトヨタのエスティマだ。白いボディに小さく書かれた「霊柩」という文字がなければ、それが霊柩車だとは誰も気づかないだろう。外観は自家用車と変わらない。ただし後部座席にはステンレス製の柩台《ひつぎだい》がついており、スムーズに柩を出し入れすることができるようになっている。

最近はすっかり宮型の霊柩車を見ることがなくなった。簡素に送りたいという遺族の気持ちと、火葬場周辺住民に起こる宮型霊柩車の乗り入れ反対運動などで、徐々にシンプルなバンタイプに移行しつつあるそうだ。小学生の頃は宮型の霊柩車を見ると、「親の死に目に会えない」と言って親指を隠したものだ。だが、今の子どもたちは、宮型霊柩車が何なのか知らないのではないだろうか。

羽田から成田に向かう湾岸線は華やかな通りだ。東京ディズニーランドや葛西《かさい》臨海公園が見える。仕事でなければロマンチックなドライブだろう。

デート中の車もあるだろうが、私たちは霊柩車に乗っている。並走する車も私たちがこれから遺骨を迎えに行くなどとは思いもしないだろう。

利幸の運転は実にスムーズだ。これには理由がある。アクセルとブレーキのストレスは柩の中の遺体を傷つけてしまう。要するに乱暴な運転をすると、遺体が柩に当たって痛むのだ。だから彼は、常に発進と停止に細心の注意を払っていた。今は遺体が乗っていないが、いつも通り「遺体が乗っているかのように」私を丁寧に運んでくれる。

車の中は清浄な空気に満ちている。業者にクリーニングを頼んでいるのではないかと思うほどピカピカに磨き上げられており、不吉な翳《かげ》は微塵《みじん》も落ちていなかった。

利幸は言う。

「山科会長のことは、他人《ひと》ごとじゃないですよ……」

母親の死に目に会えなかったことについてだ。

「俺だって、どうなるかわかりません……。時々ね、家族が死んだらどうだろう、って想像することがあるんですよ。死に目に会えないかもなって。それに自分はやっぱり泣けないんじゃないかって心配になりますね。

そう言うと、語弊があるかもしれませんね。もちろん悲しいはずですよ。本当だったら泣き崩れるほどでしょう。でも、自分は送還士です。利恵が創業した国際霊柩送還、エアハース・インターナショナルの事業継承者なんですよ。彼女が一から作り上げた人脈というのもあるし、霊柩業の誇りもある。だから社長が死んだら、さすがと思われるような葬儀を挙げてやりたい。変な言い方ですが、彼女にとってはそれが晴れの舞台なんですよ。やってあげたいんですよ。俺を『育ててよかった』と思ってもらえるような一世一代の式を。完璧《かんぺき》で、みんなの心に残るような葬儀をね。だから、余計泣いている場合じゃない。涙を流すとしたらきっと一段落してからでしょうね。でも泣けるかなあ……。もしかしたら、気を抜けずに泣き損ねてしまうかもしれないですね」

普通なら親の葬儀なんて、言葉にもしないし想像もしないだろう。利恵が高齢ならともかく、まだ五〇代になったばかりだ。しかも彼女は同年代の人よりはるかに元気そうに見える。だが、息子である利幸は創業家の事業継承者だ。国際霊柩送還専門会社の取締役として、どうしても葬儀について考えが及んでしまうらしい。

私の隣に座っている二代目の、力の入り方が実に頼もしく、実に健気《けなげ》だった。

二九歳といえども、まだフワフワと遊んでいる者はたくさんいる。

だが彼は、父親と離別して以来、会社と家族を守ることを自分の使命と思って生きてきたのだ。早く大人にならざるをえなかった家族想いの長男がそこにいる。警察官になる夢をあきらめてこの会社に入った瞬間から、彼は母親を支えて、この会社と運命を共にすることに決めたのだ。

利幸は結婚願望が強い。学生時代にはずいぶん女性にもてたようだが、結婚となると話は別だ。会社を一緒に守っていくことになるのだから、相手は誰でもいいというわけにはいかない。惚《ほ》れた腫《は》れたでは、結婚はできないと思っていた。責任感の強いこの人は、年の割にはずいぶんいろいろなものを背負ってしまっているように見える。

空港に近づいてくると道はますます空《す》いて、走っている車もまばらになった。

「社長を見ているとと思うんですよ……、ああ、年取ったよなってね。あの人若い頃すごかったんですよ。自分が小学校の時だったかなあ。門限が五時でね。ある日、門限に間に合わなくてね……。怒ってんだろうなあって、マウンテンバイクで家の前まで来ると、案の定、野球のバットを持って仁王立ちしてんの。それを見て『やべー』と思って、逃げたんですよ。もちろんマウンテンバイクで。そうしたらバット振り回して追いかけてくる。

『てめー待ちやがれ。このヤロー。門限破りやがったな』って。

すごかったですよ。小学生の全速力で走るマウンテンバイクと互角の速度で走ってきましたから。やっと振りきって近所の公園に行ったら、中学生の不良たちに囲まれてね。ああ、やられるなと思ったら、ポンと肩を叩かれて『お前、あの母ちゃんで大変だなあ』って、みんなに慰められてね……、不良はみんなずいぶん同情的でしたよ」

そこまで言うと利幸はおかしそうに笑った。

「いや、本当にあの人、超人的に元気だったんですよ。女だてらに棺なんか持ち上げて平気な顔をしていました。それが、最近なんでもないところでひっくり返ったりするんです。さすがに年取ったなあって。この仕事は二四時間態勢でしょう？　夜中の二時だろうが、三時だろうがどんどん電話がかかってくる。向こうも利恵は不死身だと思っているんでしょうね。でも、……少しは楽させてやりたいよね」

成田空港の国際貨物ターミナルには、厳重なセキュリティチェックを受けてから入る。そこは、巨大な魚市場か、青果市場か、といった雰囲気だった。何台ものトラックが行き交い、その間を縫ってフォークリフトが走る。似たようなトラックがたくさん駐車してあるので、どこまでも同じような風景が広がっている。まるで迷路だ。

「ここは一回来ただけじゃ絶対迷うんですよ。ハンドル握って体で覚えるしかない。だから地方の葬儀社のような一見《いちげん》さんにとっては、この構内はかなり厳しいでしょうね」

延々と市場のような風景の中を走り、やっとある建物の一角に到着する。航空貨物会社の窓口だ。建物に入ると郵便局のようなカウンターがあって、手続き上の書類を何枚か書くと、職員が中から荷物を運んでくる。

茶色い包装紙の四角い小包だった。

それがオーストラリアから届いた遺骨だ。

航空貨物会社の担当者は、さまざまな遺体、遺骨をエアハースと一緒に運んだ仲間だ。

何度も一緒に仕事をしているので、お互いツーカーで迅速にことが進む信頼関係ができていた。プレスのシャットアウトや遺族の対応など、代々の担当者と利恵たちは何もないところからノウハウを作りあげてきた。その実績から、今でも各方面に絶対的な信頼を寄せられている。要人が亡くなったり、報道陣が入ったりするような重大な事件、事故があった場合、この航空貨物会社とエアハースの両社が背後から支えていることが多いのだ。

遺骨を引き取り、担当者に礼を言って霊柩車に引き上げると、利幸はまずどんな添付書類がついているかをチェックした。そのあと、質の悪い茶色の包装紙をガサガサと開けてその場で骨壺《こつつぼ》を確認する作業に入る。

二重三重の梱包を解いて、姿を現したのは骨壺ではなかった。水色の蓋に半透明の容器。台所で見なれたプラスチック製のタッパーだ。

ちょうど家族四人分のカレーが入るぐらいの大きさだ。その中にビニール袋に詰められた人骨が無造作に入っている。

「タッパー……?」

私は目の前に現れたもののあまりの意外さに呆然とする。

「人は、いろいろなものに入って帰ってきますよ」

彼はそう言って、車のエンジンをかけた。

帰りの湾岸線は混《こ》んでいた。冬の真っ赤な夕焼け空に、東京ディズニーランドのシンデレラ城と葛西臨海公園の観覧車のシルエットが浮かび上がっている。イルミネーションの光が澄み渡った空気の中でちらちらと揺らめいていた。

渋滞情報を聞くためにとつけたラジオでは、リスナーから投稿された初体験の話を読み上げている。不謹慎だな、と思ったが、こちらの事情などラジオが知るはずがない。明るいケラケラという笑い声が響いた。目を移して、隣を走る車を見れば、営業の帰りなのか、ネクタイを緩めた男が、疲れた顔でハンドルを握っていた。

私はふり返って車内を見た。遺骨の入ったタッパーが置かれて、私たちと一緒に揺れている。少し前まで生きていた人が、遺骨で帰ってきて、こうやって湾岸線を運ばれている。

シュールだった。

慎太郎が言っていた。「死は『すぐ隣にあるもの』」だと。

今まで気づくこともなかった。死は非日常だと言うがそんなのはただの幻想だ。本当は日常の中に渾然《こんぜん》と混ざり合って、そこに境界など存在しない。

渋滞情報のあとにボサノバが聞こえてきて、利幸はそこでラジオを切った。

ラジオから聞こえてきたリスナーの話が頭に残る。初体験は南米から来た、積極的で情熱的な女の子……。


羽田空港の処置房に着いた頃には、夜のとばりが下りていた。大変な冷え込みだ。

ドアを開けると、慎太郎が出迎えてくれた。

ステンレスの処置台の上に、ビニール袋に入った遺骨を慎重にあける。大きな骨がいくつか入っていた。

骨は日本人にとって大切なものだ。身近な人が亡くなってみなければ、骨が大切などとは思いもしない。だが、いざ火葬してみると骨を拾うことこそ、遺族に遺された数少ない、とても大切な仕事だと気づくのである。だが海外では火葬の際の温度が高すぎて、遺骨ではなく遺灰にされてしまう。そこで温度を調整して、ちょうどいい焼き方にしてもらうように、利恵は現地の葬儀社にあらかじめ頼んでいた。

利幸は日本の骨壺を用意すると、大きな骨から順に納め始めた。薄手の手術用ゴム手袋をはめた手は、寒さで真っ赤に染まっている。お互いの吐く息が白く見えた。

利幸は「これが大腿骨《だいたいこつ》、……これが骨盤……」遺族がするのと同じ手順で骨を拾っていく。大きな骨をあらかた拾ったところで、利幸は何かを必死で探し始めた。

「ないかなあ。……ないみたいだなあ……」

探しているのは第二頸椎《けいつい》だった。遺骨の一番最後に納める、仏の形をした小さな骨だ。

利幸が、骨を探すたびに、しゃり、しゃり、と軽い音を立てた。

立っているうちに、寒さで足指にチクチクした痛みが走る。だが、利幸はあきらめない。なんとか、最後の骨を探そうとする。

しゃり、……しゃり、しゃり。

青っぽい蛍光灯が点《とも》るだけのがらんとした処置房に、冷えた骨の乾いた音が響いた。

しゃり、しゃり、しゃり。……しゃり、……しゃり、しゃり……。

利幸の肩は、何か大切なものを落とした人のように下を向いている。本当の落とし物はいったい何だろう。人ひとり分の欠落か、その人が確かに生きていたという痕跡《こんせき》か。

日本の火葬炉から出てきたものと違い、無造作にビニール袋に入れられた骨は混ざり合って、見つけるのが難しい。ずい分経ってから、それらしき骨が出てきた。

「ああ、これだな」

利幸はその骨を大事に拾い、最後に遺骨の上に載せると磁器の白い蓋を閉めた。骨は処置房に一日安置され、次の日、家族のもとへ帰ることになった。

翌日、私は利幸とともに遺骨を届けに行った。郊外の住宅地にある、ありふれた民家だ。

中から出てきたのは、五〇代の人のよさそうな女性だった。

「どうも、わざわざ届けてくださって」

玄関口で正座をして、深く頭を下げて迎えてくれた。私も家に上がらせてもらうことにした。

彼女の家は夫とふたり暮らし。子どもは息子がひとりいるが、もう独立している。リビングに通されて、お茶を出してもらった。

利幸が遺骨を渡す。

それを彼女は「ありがとうございます」と受け取り、自分の体から離して絨毯《じゅうたん》の上に置いた。

距離が、亡き人との距離を物語っている。

「どうぞ、中をご確認ください」

利幸がそう言っても、女性は曖昧《あいまい》にうなずいて、開けてみようとはしなかった。利幸が寒い処置房で拾った骨だ。


「兄なんです」

彼女は言う。

「兄は、車のディーラーでした。中古車を売る会社を始めてはつぶし、始めてはつぶしを繰り返していたんです。ずいぶんいい加減な人で、ある日何度目かの倒産をしました。

兄は私たちに借金を押しつけ、妻子も捨てて逃げたんです。

その頃、姪《めい》はまだ高校生でした。かわいそうに苦労をして、それでも奨学金を受けて大学を出ました。女手ひとつじゃ限界があるでしょう？　うちもサラリーマン家庭ですが、兄がやったことが申し訳なくて、少しずつ援助させてもらったんです。

あの子たちには罪はありませんから。でも許せないのはうちの兄です。兄の作った借金を払って、兄が捨てた妻子を援助して、うちはおかずを一品も二品も減らしてつましい暮らしをして。それが、びっくりしちゃったわ。オーストラリアでしょう？

香港や韓国ぐらいならまだかわいいですよ。私たちだってオーストラリアどころか、国内旅行にも行けないのに。

それを、飲み屋の女と旅行ですって。それがホテルの部屋で突然倒れてそれっきり。その女に墓を作ってもらって、葬式を挙げてもらえばいいじゃないですか。なんでうちが……。

主人とは、大げんかしました。『そんなやつの骨を受け取る必要があるか！』って言うんです。でもお骨を、籍を抜いたお嫁さんに預けても気の毒じゃないですか。いくら血が繋《つな》がっているって言ったって姪に押し付けるのも申し訳ないし。本当に情けないですよ……。なんで、こんな死に方して……」

母に育てられた利幸はじっとそれを聞いていた。遺族の話は終わらない。本人にいつかぶつけてやろうと思っていた恨みつらみの行き場がない。やりきれない、とはこういう時に言うのだろう。いつか文句を言ってやろうと思っていたのに、先に死なれてしまったらつらいだろう。

半時ぐらい過ぎたろうか。お茶を淹《い》れ直してきたその人が聞いた。

「お骨って、最初からこういう形で送られてくるんですか?」

昨日、利幸が入れ直した骨壺のことを言っているようだ。

「いえ、向こうからは別の形で……」

「へー、どんな容器に入ってくるんですか?」

利幸は、率直に答えた。

「タッパーです」

「タッパー……?」

故人の妹は、私たちと会ってから一度も悲しそうな顔をしなかった。なのに、初めてその顔をゆがめた。

「そう……。人ってそんなになっちゃうんですね……」

彼女のいつ果てるともない愚痴がやんだ。

それが最初で最後の、彼女の悲しげな表情だった。

2

日本で亡くなった異国の人にはどんな人がいるのだろう。暗く冷えた海から一カ月ぶりにロシア人船員が帰ってきて、今、エアハースの処置房内に安置されている。

船から落ちた彼が溺《おぼ》れながら消えていくのを、同じ船の乗組員たちは見たという。そして一カ月後、別の漁船によって引き上げられた。新聞の記事にもならない死だった。死に大きいも小さいもなく、大勢の人が知っている死と、知られない死があるだけだ。区役所も海上保安庁も死亡の届け出の方法をよく知らず、遺体の出国のためにエアハースが説明に行った。

パキスタンの人々はカンパで遺体を故国へ戻す。バングラデシュは国費によって遺体を戻す。ナイジェリアやザンビアなど、貨物運賃だけでも七〇万から八〇万円はかかる国では日本国内のコミュニティがカンパを募り、なんとか遺体を送り届けようとする。

大勢の死でも、ひとりの死でも、みな同じ気持ちで向きあうと利幸は言う。高齢者でも、どんなに幼い子でも、死には変わりがない。重さも同じだと話す。

「たくさんの人が死んだから悲しいとか、ひとりだから悲しくないとか、そういうのもおかしいでしょう?」

いつの時点からか、死は運命なのだと考えるようになったと利幸は言う。それがいつだったか覚えていない。しかし、運命だと感じているからこそ、こう思う。

「もし自分の恋人が余命何カ月と言われても、俺は籍を入れることに抵抗はないですね。籍を入れようよ、と何のためらいもなく言えるでしょうね」

その死生観は職業病とも言えるものなのではないだろうか。

「職業病かと聞かれても……。さあ……、自分にはよくわかりません。少なくとも自分の死はまったく怖くないです。身内が余命宣告を受けたらどういう気持ちになるのかも、……わかんないですね。だから、だれか大切な人の死で泣けるかどうか心配なんですよ」

利幸が担当する故人の宗教もさまざまだ。イスラム教では火葬はできない。その納棺の支度も利幸がする。あるパキスタン人が亡くなった時、東京都内にあるモスクで埋葬の礼拝に立ち会い、遺体の包み方を伝授されたのだそうだ。

モスクの入り口には手足を洗う場所があり、そこで身を清めて中へ入る。埋葬の支度は、男性が亡くなった場合は男性が、女性が亡くなった場合は女性が行う。遺体は水で清め、そのあと白くて大きな布で包むのである。布はシーツでもいいそうだ。まず手の左右の親指と足の左右の親指を縛り、体を大きな白い布で覆う。その上から遺体を三カ所紐で縛るのである。遺体は巨大な繭《まゆ》のような格好になる。紐は固結びと決まっているそうだ。

利幸がイスラム教の人を出国させる時には、埋葬の礼拝前にエンバーミングをして白い布で包み、遺体を故国へ送るという。彼らは故国で埋葬の礼拝を受けるのである。

フィリピンは敬虔《けいけん》なカトリック教徒が多い。遺体を本国へ帰そうとした男性は「柩の中の恋人に、ロザリオを持たせてあげてほしい」と言った。親指にまず鎖をかけ、次に手首に巻くようにしてロザリオを持たせてシップアウトする。故国ではロザリオにはさみを入れるならわしだという。「家族を死の国へ連れて行かないで」という意味なのだそうだ。

ユダヤ教は火葬をしないし、厳格な信者の場合、エンバーミングもしてはいけないことになっている。

宗教の違いは、国際霊柩送還においては特に気をつけなければならないことのひとつだ。インドのように多宗教の国に出国させる時などは特に、間違いがないように確認を重ねながら納棺しなければならないのである。

二〇〇五年頃、利恵はアフガニスタンに祖母を送ってほしいという依頼を受けたことがある。この女性はアフガニスタンに住んでいたのだが、悪化する政情に身の危険を感じ、日本に住む息子夫婦のところへと移り住んできた。しかし日本で病気が悪化し亡くなった。遺体は、イスラムについて何の知識もない葬儀社が九州から山梨県にあるイスラム教徒の共同墓地へ運んできた。しかし連絡がうまく行っていなかったのだろう。いざ到着しても、埋葬の礼拝を行う人もいなかった。こんな状態では埋葬できないと息子たちは嘆き悲しんだ。そこで困った家族は利恵のところに遺体を連れてきたのだ。

「なんとか故国へ帰してあげてくれ」

当時、タリバンの台頭によりアフガニスタン国内の治安は悪化していた。旅客便はドバイ空港止まりでカブールまでは飛んでいない。利恵は、なんとかならないかと手を尽くした。やがて食糧移送のためのチャーター機を見つける。しかし、これで送るとなると貨物運賃で八五万円もかかる。迷ったようだが家族はカブールへ送ることを決断した。利恵はただちに現地と交渉し、チャーター機の食糧を載せるスペースの一部に柩を乗せてもらうことにして送り出した。その後、遺体は無事に現地の家族のもとへ帰り着いたという。

みな、死んだらどこかへ帰ろうとする。故人が満足する場所へ送り届けることが家族の願いなのだ。

3

外国から運ばれた遺体は、欠損した状態で帰ってくることがある。

そういう遺体を見ると、利幸はまず「ご家族が見た時どう思うだろう」「なんとかしてあげなくては」と思う。

ある時は、若い女性が事故に遭い、遺体で戻ってきた。あごの肉がえぐれ唇も失われて歯ぐきだけになっている。そんな遺体を見て処置の限界を感じたり、あきらめたりしないのだろうか。

「しない」と彼は言う。

「なんとかするんですよ。だめだと思ったらそこで終わりでしょう？　そんなことを考えたりは絶対にしない」

利幸は彼女のために失われた顔の一部を「作った」。死亡でＶＯＩＤ（無効）とスタンプの押されたパスポート写真を横に置いて、修復剤であごを作っていく。失われてしまった唇の形を作り凹凸をつけ、ファンデーションで色を均《なら》す。

その時はちゃんと家族が彼女にお別れを言うことができた。柩の小窓を開けると、みんな女性をひと目見て、「ああ、きれいだ」と叫ぶと、「ありがとう」と言ってぼろぼろと泣いた。父親は利幸の手を何度も強く握った。

腐敗した遺体が帰ってくることもある。皮膚は腐って水泡になる。不用意に触ると、それがつぶれてどろどろになってしまう。そこに力を加えると皮膚は脱落する。さらにそこから体液が染み出すことになる。だから利幸は柩を開けると、まずじっくりと遺体を観察する。そして全体を把握し、臭いに注意を払い、それから触る。手の施しようがないという言葉は、頭の片隅にもないそうだ。とにかくご遺族のためになんとかできないか、を考える。決してあきらめたりはしないし、部下にも「これでいいや」とは決して言わせない。

彼にも駆け出しの頃があった。

「ご遺族にしてみれば、たった一度だけ自分の家族をエアハースに委《ゆだ》ねるわけです。誰が処置をしたかなんてわからない。俺でも社長でも、同じ料金をいただくわけです。何体かしか担当したことのない人間と、経験が多い人間を比べれば、経験が多い人がいいに決まっている。でも、俺が処置したからダメだなんて許されないですよね。だから経験の差はほかのところで埋めるしかない。

土、日になるとデパートの化粧品売り場に行って、一日中各社の色みを研究していました。手に塗り込んで、肌とのなじみ具合を比べてみる。時には店員の手を貸してもらって肌色を見てみました。ホームセンターに行っても、何か使えるものはないかと見てしまいますし、友人たちがみんなで泊まりに来る時には、女の子たちを片っ端からつかまえて化粧させてもらいました。

男性の場合、女性の場合、色の黒い人、白い人、すべての人の色みは微妙に違います。だから何種類もの口紅を買って色を混ぜ合わせるんです。妥協はしません。

友達と遊ぶと写真を撮《と》るでしょう？　家に帰るとすぐに、友達の写真を見ながら、ひとりひとりの唇の色を再現してみるんですよ。あいつはこんな色をしていただろうか、あいつはどうだっただろうかとか。満足いくまで何色も合わせて色みを作る。化粧筆も使い心地を研究します。柔らかさや硬さ、太さ細さ、いろいろありますよね。こういう筆を使うといいんじゃないかと家で試します。

自分はもともと、人に喜んでもらうことが好きなんです。一回しか会わない人に対して、自分がやりたいようにやるのはただの自己満足です。亡くなった人が何を望んでいるのか、ご家族が何を望んでいるのかを汲《く》み取って、ご家族の代わりにやってあげることが俺の仕事です。どこまで同じ心境に立って、故人と接することができるのか、それを試されていると思っています。損傷のひどいご遺体を見ると、このままじゃご遺族に会わせられないと思うし、身元確認に行ったご遺族はどんな気持ちだったろうと思います。

だから、会わせられるようになんとかするんです。ひどい状態のままだとご家族は、現実を見ようとしなくなります。『これはあの子じゃない、違う人だ』と、そう思う。だから死を受け入れられるように、きちんと対面させてあげたい。お別れをさせてあげたいと思うんです」

社長の木村利恵は、利幸のことをこう言う。

「あいつは医者の検死解剖にも立ち会わせてもらっているし、解剖図で筋肉のつき方まで勉強しているようだよ」

この熱意は利恵譲りだ。利幸は利恵の傍らで処置をじっと見ながら修業を積んできた。行動は言葉よりも雄弁だ。何よりも利恵の姿勢が、完璧な処置をすることを利幸に求めたのだ。


ある日、羽田に戻ってきたのは転落して亡くなった男性だった。妻は現地で本人確認をしている。

利幸は柩の蓋を開けて中を確認した。その人の後頭部はつぶれ頭蓋骨の中には脳が入っていない。傷口からは防腐液と血液が流れ出していた。顔面は複雑骨折して卵の殻が割れたようになっている。顔は血液で腫れ上がり、眼球はそれを支える脳がないので落ちくぼみ、顔の奥に引っ込んでいた。顔の皮膚は後頭部が失われたことで横に広がっている。利幸は失われた頭蓋から手を入れて、血液を全部取り去ると液漏れがないように、小さなじょうろを使って洗浄した。

眼球が元の位置に納まるように、脳に代わるもので底上げをしなければならない。脱脂綿を固く丸めて芯《しん》を作り、頭部に慎重に詰めていき眼球を支える。頭の内部にぎっしりと脱脂綿を詰め終わると、後頭部の欠損部分は修復剤で形作っていく。そして今度はそこに、横に広がっていた皮膚を伸ばして貼《は》りつけていった。

顔が立体的な形に戻る。顔面の骨はいくつもの破片になって皮膚の下で顔の中に散らばっていた。そこをパズルのピースを当てはめるように、口の中からピンセットを入れて修復していく。欠損があれば、そこに綿を詰めて直した。

顔の輪郭ができたところで、パスポートを横に置き、鼻の形、目の形、口の形を慎重に直していく。ワックスで均し、ファンデーションで色を載せていく。

時間が逆に戻る。その人が、その人らしさを取り戻して穏やかに微笑《ほほえ》んだのを利幸は見た。

〈おかえりなさい。奥さんが待っていますよ〉

利幸は新しい棺に遺体を納めると、作業を終了した。


遺族に遺体を送り届けに行く。柩を家に安置し、利幸は「ご確認ください」と柩の小窓を開けた。それを覗《のぞ》き込んだ途端、妻は「ああ……」と叫ぶと、柩に取りついて泣いた。

「ありがとうございます……、あの人です。……ありがとう……」

親族に対面させることなどできないとあきらめていた妻は、夫を親族に対面させた。

みな大泣きをしていた。

妻は上がりがまちのところで正座をすると、頭を床にこすりつけるようにして何度も何度も礼を言った。

利幸は、どんな心境で毎日を過ごしているのだろう。その答えを聞いた時、私は切なくなった。

利幸はこう言ったのである。

「ご遺体に対面した時はまるで合戦場に行った時のような感じです。アドレナリンがぶわーっと全身を駆け巡って『絶対になんとかする』という気持ちになる。臨戦態勢っていうのかな……。その時、頭は真っ白ですね。言葉という言葉は吹き飛んで、真っ白になる」

私はその時、やっと利幸の心情が腑《ふ》に落ちたのだ。

彼は戦場にいる。毎日、毎日、死者の出る激戦地で、必死になって遺族のために戦っているのだ。誰も知ることなく、知ろうともしないこの仕事で、必死になって遺族や亡くなった人を守っている。私は、人知れず孤独に戦っている彼の言葉に泣いた。

母

ある日私はソファで寝てしまい夢を見た。見知らぬ道をはさんだ向こう側に母が立っている。一生懸命私を捜しているようだった。

「あの人、心配性だからまた私のことを心配して……」

そう思ってながめていると、母は私を見つけ安心したようにこちらに向かって手を振った。私も手を振ろうとして気づく。

ああ、これは夢だ。母はもう歩くこともできなければ、会いにも来られないのだ。私を見て手を振ることもできない。それなのに、あまりに私が心配で夢の中で会いに来た。

私は泣きながら目を覚ました。泣きながら起きるなんて子どもの時以来だ。起きた時にはまだ、しゃくりあげた名残が喉のあたりに貼りついている。懐かしい感覚だ。昔はよく怖い夢や悲しい夢を見た。

しばらく放心していたが、私にはもう自分の心の中に起きていることがわかっていた。早産で亡くなった弟のことを知り、国際霊柩送還についての取材をしている。そして母が夢の中で会いに来た。たぶん私は、母が死ぬのが怖かったのだ。自分でも意外だった。私はその時まで母が死ぬなど想像したこともなかった。少なくとも意識の上では、かたくなに否定し続けていたのだ。

母が次々と体の機能を失っていく中、父も私もある時点からまったく悲しまなくなった。

なにしろその日できていたことが次の日にはできなくなる。今日できることをありがたがるほうが先に来た。歩けなくなってもまだ手が使える。手が使えなくなってもまだ話せる。話せなくなってもまだ食べられる。食べられなくなってもまだ生きている……。

母が食べ物をうまく飲み込めなくなって、私たちは突然「尊厳死」という問題に直面することになった。娘の私にとっては「尊厳死」なんて、思ってもいないことだった。今まで懸命に介護してきた父にしても同じだっただろう。客観的に考えてみれば、こんな日も来るだろうと予測がつきそうなものなのに、そんなことを考えたこともなかったのだ。

私たちはある日、医師に別室に呼ばれて「胃ろう」を作るか否かを問われた。

胃ろうとは栄養チューブを通すために胃にあける小さな穴だ。胃ろうについては批判もあり、不自然な延命だとする意見も多い。

医師はその時、こんなことを言った。

「尊厳死などと言いますが胃ろうを作らないということはつまり餓死させることです。お母さんはお若いですし、体もしっかりしている。餓死するまでは何週間もかかるでしょう。スタッフもご家族もそれを見ているのは非常につらいことだと僕は思います。鼻から栄養を入れる方法もありますが、鼻から液体を入れることを想像してみてください。あなたもつらいでしょう？　実際に胃ろうを作らないと頑張っていても、そのうち見ていられなくなり、あわてて胃ろうを作ろうとするご家族もいらっしゃいます。患者さんの体力が落ちてから、胃ろうの手術をすると思わぬ事故が起きることも多い。ご本人にとっても負担です。でも弱った体に胃ろうの手術をすると思わぬ事故が起きることも多い。ご本人にとっても負担です。あとはご家族のご意向次第です。みなさんで決めてください」

母がこうなるまで、私は疑いようもなく尊厳死に賛成だった。文化人も良識のある医師もみんな尊厳死について積極的に「いいことだ」と勧めている。逆に食べられない人に体が不自由なまま生きていてほしいと望むことは家族のエゴだと批判されていた。私も新聞でそんな記事を読みながら、さしたる考えもなく、その通りだと思っていた。

尊厳死は人道的な行為。それに反対しているのはヒステリックな患者の家族の会。そんな構図が単純に頭の中にあった。母も「お父さんにお世話されてまで生きているのは嫌だわ」と言っていたはずだ。私もそう聞いたのを覚えているし、父だって、母だってその時のことを覚えているだろう。

だが実際に、生きている体を前にして、書物で読んだ「死」と大きくイメージが違うことに戸惑った。温かい体がそこにあり、何が起きているかをすべて理解している瞳《ひとみ》が様々なことを訴えてくる。ただいてくれることが当たり前の静かな日々を私は失いたくなかった。この人が私のたったひとりの母だ。そこに失《な》くしてしまっていいものなどを私は見つけられなかった。簡単に命を救えるのにあえて不作為を選択する理由が私にはどうしてもわからなくなっていた。家族は胃ろうを選択し、父が実家で母を看《み》ることになった。

しかしある日、知識人と言われる私の知り合いは、私にこんなことを言った。

「胃ろうをつけたの？　お母様かわいそうに。そこまでして生きていたいと思うかしら？」

私は必死にその言葉への反証を探した。自分の心の奥底で死別への恐怖、苦しみ、母への愛着、執着、説明のつかないものすべてが、いつの間にか膨らんでいた。

エアハースへの取材に執着したのも、母のことと無関係ではない。私は家族を亡くした人の気持ちが知りたかった。母を生かすか死なすかの選択を迫られた娘のエゴがそこにあった。

私はエアハースの遺体の処置を通して、遺族の亡き人への想《おも》いを感じ取った。エアハースは永遠に遺体を保存しようとしているわけではない。神の国へ送るために身体《からだ》を復活させようというのでもない。ただ、家族との最後のお別れのひとときのためだけに亡き人を元気な時の姿へと戻してあげようとしている。遺族は、亡くなったあとでもその人を簡単にはあきらめられないのだ。

私には母を委《ゆだ》ねるべき神様はいない。今、生きている母を手放すことはできなかった。かたくなだった私の心は少しずつほどけつつある。弟のことを知った今は生と死が地続きであるような気がしている。それでも思うのだ。いつか手を放す時が来るとしても、もう少し一緒にいたい。

わがままだろうか。私たちは母につらい思いをさせているだろうか。答えは出ない。それでも、家族の歴史は更新されて、私たちは母といる。母が発症した時には小学生だった長男は成人式を迎え、次男は高校入学を報告に来た。

実家にいけば母は、何もかも受け入れたような澄んだ目で私を迎えてくれる。私にはこう聞こえる。「おかえりなさい」と。

通訳代わりの父も必ずこう言う。

「ほら、お母さんが、『おかえりなさい』って言ってるよ」

「うん。私にもそう聞こえたよ。お母さん、ただいま」

オヤジ

亡き人の娘は私に言った。

「父は臓器提供をしたいと言っていました。でも、私たちのわがままで父を日本に戻すことにしました。父は誰よりも人の役に立ちたかった人です。少しでもお役に立つなら書いてもいいですよ。父の国際霊柩《れいきゅう》送還がどんなものか立ち会ってあげてください。ただし母は反対しています。どうか、母には内緒で取材してください」

亡くなった人は利恵の友人だった。


空港にはすでに夜が来ようとしていた。夕焼けの赤が、夜の色と混ざり合い凄みのある色をしている。

逆光になるとなにもかもが影に見える。そこにいる人はみな顔を失って、ただの黒い人形《ひとがた》に見えた。昼は春めいた暖かさだったのに、夜になると冷え込んで白いものでも落ちてきそうな寒さだ。

飛行機は三〇分ほど前に到着していた。貨物会社から、準備ができたと連絡が入る。貨物ターミナル内は一方通行になっている。霊柩車はぐるっとターミナルの広大な広場を一周して、貨物ターミナルの倉庫へと向かう。上屋《うわや》と呼ばれる倉庫には巨大なシャッターが下りていた。

霊柩車がバックで入り口の前に駐車すると、キリキリキリキリ……という音を立ててシャッターが上がる。倉庫の明かりが外に漏れた。

シャッターの向こうに銀色のコンテナが一個だけ置かれていた。人が立って入れるほどの大きさだ。

コンテナの横には東京国際エアカーゴターミナル（TIACT）の職員が二人待機していた。

TIACTの職員がコンテナの蓋《ふた》を開ける。すると、コンテナの端にぽつんと長方形の包みが積まれている。上にはビロードの布がかけられていた。それが柩《ひつぎ》だ。

職員は柩を持ち上げると霊柩車へ積み込む。そして柩に向かって深く一礼をした。

利幸は彼らに清めの塩を手渡す。うやうやしく職員たちはそれを受け取った。

古箭と利幸は車に乗り込み処置車へ向かう。車に柩が乗ると、車内の空気の質が変わったような気がする。冷気がなんともいえない重さを伴った。

古箭と慎太郎が処置車へ柩を移す。

柩の鉄板を専用工具で切断して外す。

中にはナイロン製の白い納体袋が納められていた。

ジッパーを開ける。

そこには、五〇代半ばのダンディな男性が三つ揃いの紺のスーツを着て眠っていた。日本への旅立ちだ。一番いいスーツを着せて送り出してやろうと思ったのかもしれない。部下たちの心遣いが、きっちりと締められたネクタイの結び目に感じられた。

壮年の男性の無念の死だ。立派な人だとひと目でわかるだけに、その悲しみがこちらにも伝わってくる。まだこれから、というところだっただろう。仕事も、第二の人生も彼を待っていたはずだ。服装を見れば、彼がどれだけ部下たちに愛されていたか想像がつく。きっとこの大黒柱の死は、会社にも、家族にも、大きな痛手であるはずだ。

「おかえりなさい。……今、お支度させていただきますね」

利恵の声がする。返事はなかった。


彼は土木会社の社長だ。部下を率いてプラント建設に携わっている間の突然死だった。彼の部下もかつて海外で亡くなり、エアハースが搬送している。彼は非常に感激し、それ以来利恵との付き合いが続いていた。だが、こんなふうに自分が運ばれて戻ってくるとは、彼も思っていなかっただろう。

遺体は天井クレーンによって吊り上げられ、布の上に寝かされる。

現地での防腐処理が甘かったようで、顔は土気色をしており、かすかな死臭を放っている。利幸は遺体の顔に修復剤を塗り、色を少しずつ載せていく。利幸の顔からは真冬だというのに汗が吹き出していた。慎太郎は彼の額の汗を拭いた。

利幸は小さなスポンジをいくつも使って、不自然な厚化粧にならないように気を配っている。みるみるうちにくすみが取れていく。ベースカラーの上に健康的な肌色を載せていく。肌に陰影をつけるため、パスポートと比べながら微妙なグラデーションで色を重ねていく。亡き人の血色が戻ってきた。やがてほんのりと頬に赤みが浮かぶ。

紅筆で慎重に唇に色を注す。男性らしい自然な色みだった。

微笑んだ……。

何度見ても不思議な瞬間だった。

まるで甦りの儀式だ。やがて遺体が語りはじめる。

〈若いの。頑張っているな。そうだ、ゆっくりやればいい〉

そう言って語りかけてくるような気がする。

〈女房子どもに、久しぶりに会うんだ。男前に仕上げてくれよ〉

まるで床屋で髭をそってもらっているかのように、男前は悠然と微笑んでいた。

利幸の顔がほんの少し緩む。

〈わかっていますよ。まかせてください〉

ふたりのやりとりが聞こえてくるようだった。

白装束に替え足袋を履かせる。極楽への旅支度は整えられていった。

利幸は櫛を出すと、頭髪にきれいな分け目をつけて整えた。

遺体は、真っ白い日本製の棺に移し替えられる。顔映りがいいように、薄紫のサテンの布を枕に敷いて、彼はまるで娘の結婚式にでも出るかのような晴れがましい顔になっていた。

〈旅のお支度、整いました。さあ、ご家族のもとへ帰りましょうか〉

〈ありがとう……〉

利恵、利幸、慎太郎、古箭に見守られ、彼の柩の蓋が静かに閉じられた。


彼の柩を送り届ける。場所は北関東だ。

二月の空はまだ寒い。真っ黒な空からちらちらと白いものが降ってきている。

高速道路を乗り継いで二時間半。柩の到着予定時刻を桃に知らせ、桃が遺族の自宅へ電話を入れる。

高速道路を降りて一般道をしばらく行き、住宅地に入っていく。田舎《いなか》の道は暗い。街灯が少なくなっていき闇の中に街並が沈んでいる。

くねくねと五分ほど走ったろうか。路地にたくさんの車が停《と》めてある。

「ここらへんだけどな……」

そう言いながら車を進めていくと、ヘッドライトに照らされ喪服を着た人たちがぼんやりと浮かび上がって見えた。

若い男性が多かった。親族と思われる年配の男女もいた。

寒い中、霊柩車を外で待っていたのだ。

車を停めて利幸と古箭が降りていくと、たくさんの喪服を着た人たちが集まってきて、ふたりに礼を言った。

そして彼らが柩を運ぼうとすると男たちが寄ってくる。みな吐く息が白い。それが明かりに照らされた。

「持ちます」「私も……」

やがて若い男たちが柩を担ぎ始めた。

それに人々がつき従う。

〈オヤジ〉〈オヤジ……〉

そう呼びかける声が聞こえてくるような気がした。

見れば、担ぎ手の若い男性が目を真っ赤にしている。

枝ぶりのいい松の植えられた広い庭を、黒い服を着た一団が葬送の列を作って進む。

柩を先頭にした黒い葬送の列に白い雪が落ちては消え、落ちては消えた。人が外で出迎えてくれることは少ないそうだ。しかも、これほどたくさんの人が外で待っていることは稀《まれ》だという。

〈オヤジ、おつかれさん〉〈オヤジ、ありがとう〉

時々の嗚咽《おえつ》の中に、無言の言葉を聞く。

耳を澄ましさえすれば、沈黙の中に声を感じることができる。この生と死の曖昧な境界の中、生者の中に死者がいる。死者の中に生者がいる。送ったはずの人は、気づけばちゃんと隣で生きていて、その人がある日記憶の中に会いに来る。

この人は多くの人に慕われて、多くの人の記憶の中に存在する。

私は利幸の言う、理想の葬儀について思い出していた。利幸が挙げたいという利恵の葬儀というのは、こんな葬儀だろうか。

明治時代、ポルトガル海軍士官として日本にやって来て、この国の美しさに魅入られたヴェンセスラウ・デ・モラエスは、著書『日本精神』（岡村多希子《おかむらたきこ》訳）の中でこう述べた。

「日本人精神構造にとって、家族崇拝はすべてであり、彼らのレゾン・デートルである」

彼は日本人についてこう続ける。

「生きている家族を祀《まつ》るのではなく、死んだ家族、いなくなった先祖たちを祀るのである。これらの先祖たちは、生前の彼ら自身の徳行によって、生者が家族的儀式の遂行にあたって彼らに捧げる供物によって、至福を得る。彼らの感謝した霊は、自分たちのために行なわれる儀式に対し懇切な守護をもって報い、生者がこの世を渡る案内をし、苦労を和らげ、期待されている至福へとみちびく。つまり、いわば死ぬために彼らは生きるのであり、生きるために死ぬのである」

そして、彼はこう結論づける。

「家庭はこの驚くべき宗教の中心的な寺院であり、宗教の教義全体の中でもっともはっきりとしたわかりやすいあらわれである死者の祭壇のかたわらで営まれる主要儀式の実施のために選ばれた場所である」

私は今、モラエスの目に映った日本人がどんな姿であったのか、理解できる。

戦後の経済成長により日本人は家族という「寺院」を失い続けてきた。日本人の魂はよるべなく漂流している。現在、家族に代わる新しい共同体を作ろうという試みも出てきている。私たちはいつの日か、家族に代わる「寺院」を手に入れることができるだろうか。それともやはり、私たちが最期《さいご》に焦がれ帰ろうとするのは、モラエスの言う家族という名の「寺院」なのだろうか。

人に尽くして、この〝オヤジ〟は死んだ。人は生きてきたように死ぬ。そして、残された者の心の中に、これまで生きてきたようにして、これからも生きる。

故郷に錦《にしき》を飾る、立派な〝オヤジ〟の帰還だった。

海外で日本のために働いた日本人男性は今、静かに彼の「寺院」へと帰り着こうとしていた。

ternational In

忘れ去られるべき人

1

処置が終わったあと、国際霊柩送還士は故人の両手を胸の前に組ませる。そして彼らは、その胸の上に思い出の品を置く。小さな子の描いた母親の似顔絵と、つたない字で書いた「ママだいすき」の文字、年配の男性の老眼鏡、そして前途を期待された若者の柩《ひつぎ》に入れられるサッカーのチームフラッグ。それらが語るものは、確かに彼らが生きていたという証しである。柩の蓋《ふた》が閉められると、いつかは誰もがいなくなってしまうのだ、という生命本来の持つ寂しさが胸に伝わってくる。

改めて国際霊柩送還というものを考えてみると、不思議な行為だと思う。たとえ遺体の処置をしても、医療のように命を救うわけではないし、蘇生《そせい》させるわけでもない。腐りやすい遺体を遠い国から運び、生きている時と同じ顔に修復してお別れをするのだ。次の日には骨にしてしまうのになぜわざわざ合理的とは思えない行為をするのだろう。

科学の発達した世の中だ。生命の失われた体をただの物体だと済ませてしまうこともできるだろう。しかし我々はいくら科学が進歩しようとも、遺体に執着し続け、亡き人に対する想《おも》いを手放すことはない。その説明のつかない想いが、人間を人間たらしめる感情なのだ。私には、亡くなった人に愛着を抱《いだ》く人間という生き物が愛《いと》しい。亡くなったのだからもうどこにもいない、と簡単に割り切れるほど、人は人をあきらめきれないのだ。

我々は亡くなった人の体に「魂」とも呼ぶべき、命の残響を聴いてしまうものなのである。ほとんどの人は、いざ親しい人の死に直面すると、「魂」がまだどこかにあると感じてしまうのではないだろうか。だからこそ懇《ねんご》ろに弔うことによって、「魂」を慰めるのだ。

エアハースの遺体の処置を見ていると、同じ処置でもアメリカのエンバーミングとは意図するものが異なっていると感じる。遺体のたたずまいの何かが決定的に違うのだ。アメリカ人エンバーマーの行った処置のあまりに完全な保存状態を見るにつけ、彼らのエンバーミングからは、遺体が自然のままに朽ちていくことに抗し、半永久的に遺体を保存しようとする強い意志のようなものが伝わってくる。それはエジプトのピラミッドから出土するミイラと同じく、遺体が時間とともに失われてしまうのを押しとどめようとするものだ。

エアハースの遺体の処置に、永遠を希求する姿勢を見ることはない。生前の姿に比べ、血色をよくするわけでもなく、生前より華美な化粧をすることもない。生前そのままの姿であることを彼らはあくまで追求する。

「おかえりなさい。よく帰ってきたね」と呼びかける姿を見れば、処置が永遠に失われない体を手に入れるためのものではないことは、日本文化の中で育った人ならすぐに気づくだろう。

私は、彼らの姿に哲学者の梅原《うめはら》猛《たけし》が日本人について書いたある文章を連想する。

梅原は著書『日本人の魂』の中で、古代日本人は「死」を体から魂が分離すること、と捉《とら》えていたとしている。そして、こう記しているのである。

「（略）魂こそは生あるものを生あらしめるものであるが、死はこの魂が生あるものから去ることを意味する。魂が生あるものから去るがゆえに、それは死ぬのである。それゆえに古代人は、人が死に、魂がその体から去るのを見届けると、しきりに魂を呼び返そうとしたのである。それが魂呼《たまよ》びである」

私は、利惠が遺体に向かって呼びかける姿を見た時、あるいは利幸が処置をしている時のあの形相や、慎太郎の手つきを思い出す時、彼らが遺体を永く保存しようとか、より完璧《かんぺき》な形で人工的に復元しようなどと思っているのではないと感じていた。魂呼び。私は、彼らの姿に名をつけるとするなら、この呼び名がぴったりと合うような気がするのである。

梅原猛は続ける。

「『記紀』などを読むと、天皇が死ぬと『もがり』ということが行なわれて、もがりの期間が一ヵ月も二ヵ月もあることがわかるが、このもがりというものは魂を呼び返す期間なのである。おそらく残された家族は一心に死者の魂がもう一度死者の体に戻ることを願ったのであろう。おそらく魂呼びは特定の霊能者に任せられていた仕事であったのであろう。霊能者たちが必死になって魂を呼び、魂を帰そうとするが、どうしても魂は帰らず、死者が文字どおり蘇《よみがえ》る、すなわち死の国から帰らないことがわかると、そこで初めて、諦《あきら》めて死者を葬るのである」

処置をして家族のもとへ遺体を帰す。それは、海外で体から離れ出てしまった魂を日本へと呼び戻す儀式ではないだろうか。彼らの国際霊柩送還とは、亡き人に戻ってきてほしい、甦ってほしいという遺族の切なる願いをかなえるための「魂呼び」なのである。遺族は遺体に呼びかけ、遺体にすがって泣く。やがていくら望んでも甦らないことを悟り、はじめて魂をあの世へと送ることができるのである。だから魂の戻ってくる場所として、遺体に最大限の処置をする。それがエアハースの処置の意味なのだと私は思う。

いくら処置をしたところで、死者が甦ることはないと遺族も知っている。知っていても、なかなか愛する人の死をあきらめられない。日本に魂を呼び寄せ、その人は帰らないことを知ってはじめて、遺族はその人をあきらめることができるのではないだろうか。だからこそ震災時に身内が行方不明になってしまった家族や、戦時中に海外で家族を亡くしてしまった人は、はぐれてしまった魂を家に連れ帰ることができないと悲しむのである。


だが、あえて処置をする前のままの姿で連れて帰りたいと望む遺族もいる。

ある日、空港で処置前の姿のまま息子に会わせてほしいと泣く母親がいた。

彼女の息子は海外で強盗に遭い命を奪われ、空港に帰り着いた。遺体は殺害されてしばらく発見されなかったため、損傷がひどく、変わり果てていた。腐敗臭も激しく、体液も漏れている。海の向こうで死後彼が経てきた時間を感じざるをえなかった。

利恵は、処置前の遺体をそのまま帰すことには反対していた。

「お父さんとお母さんが望むなら、今の状態の息子さんのまま帰してもいい。だけどきっと、息子さんは親戚《しんせき》やお友達と会ってお別れが言いたいと思うよ。息子さんはさあ、今の自分の悲しい顔を記憶しておいて欲しくないと思うんだ。彼はみんなの記憶の中で、これからも生きていかなきゃならないんだよ」

だが、母親はどうしても処置前の顔のまま帰してほしいと言う。

「あの子がどんなに変わり果てた姿であってもかまわない。最期《さいご》にどんなことを叫び、誰に助けを求めたのか。私はありのままの事実を息子から聞いてやりたい」

そう言って聞かないのだ。

エアハースの処置を見た後は、私は利恵の意見に賛成してしまう。彼らの処置を知っている人間ならそう思うだろう。理屈ではない。時間の経過による遺体の変質を見てしまえば、それを何とか元に戻してあげたいと願う。そのままの死は臭《にお》いを放ち、その顔を変色させる。それは愛する人さえ遠ざけてしまうからだ。

しかしその一方で、処置は真実の死を覆い隠すという側面も持っている。

かつてNHKで大河ドラマなどを制作し、現在もフリーでテレビドラマや映画を作り続けているプロデューサーの草分け的存在、近藤晋《こんどうすすむ》（八二）が新聞に寄せていたあるできごとを思い出す。

それは第二次世界大戦の終戦前、彼が一五歳の頃の話だそうだ。

空襲のあった神戸の町は焦土と化し、土を掘れば黒こげの遺体がゴロゴロ出てきたという。最初は驚いていたものの、そのうちに少年であった彼も遺体に慣れてしまいそれを片付けることが何でもなくなってしまった。そんなある日、彼が学徒動員で土木作業をしていたところ、トタン屋根がどこからか飛ばされて道端に落ちているのを見つけた。なにげなく彼がそれを撥《は》ね上げると、そこから自分と同じ年ぐらいの少年が出てきたという。熱せられた屋根の下で瞬時に蒸し焼きになったのだろう。体から溶けだした脂で、白い半透明な蠟《ろう》のようになった少年が、よつんばいの格好で死んでいたという。遺体に慣れていた彼も驚き、思わず後ろに飛びのいた。彼はとっさにそれを行方不明になってしまった友人なのかと思ったという。少年の目は前方を見据え、前にさしのべられた手はどこかを目指したままの形で固まっている。その少年が、どこへ行きたかったのか、誰と会いたかったのか。彼はいまだにその姿が忘れられないというのだ。

近藤にとってはそれこそが、偽らざる本物の「死」であり、それが本物の「戦争」であったという。

少年は這《は》ってどこかへ行こうとしたままの姿で亡くなった。もしかしたら母親のもとへ行こうとしていたのかもしれない。その口は、母を呼ぶ形に開いていたのかもしれない。

「果たしてその姿を見たことが幸か不幸か、わからないのですが……」

彼は私に語る。

「ひとつ言えるのは、この遺体を見たことが、明らかにその後の僕の人生に影響を与えているっていうことですよ」

戦後の自由な空気の中、ドラマや映画の世界に没頭したのは、その少年と出会ったこと関係がないとは思わないと言うのだ。

彼はかつて鶴田浩二《つるたこうじ》が演じる、特攻隊の生き残りであるガードマンを主人公にした『男たちの旅路』を制作している。戦後六〇年以上が経った現在でも、近藤をいまだに動かし続けるのは、その半透明な皮膚をした少年だ。

もし、その少年がきれいに姿を整えられて、微笑んだ姿で柩の中に納められていたとしたら、それは遺体が伝えようとした本当のことから離れてしまう。「戦争」の中の「死」の本当の姿を覆い隠すものだろうと彼は言う。

成田空港でそのままの遺体と対面したいと望んだこの母親もまた、息子が最期に知った無念や絶望を、そのままの形で知りたかったのかもしれない。いったい彼が現地で何をされたのかを、その目に焼きつけたいと思ったのだろう。そのあまりに強い思いに利恵はもらい泣きをした。

しかしその時は父親が処置を望んだ。

「あいつだって、いつもの顔でおまえとお別れしたいだろう。みんなにも会わせてやりたいじゃないか」
「それでも、もとのあの子のままでいいの」と何度もつぶやく母親の肩を抱き、父親はじっと処置が終わるのを待っていた。結局その母親は父親とともに、処置後の遺体に付き添って自宅へ帰っていったという。

正解はない。みな亡くなった場所も、死因も、家族構成も違う。そのたびに利恵は迷う。

もし、父親も母親も処置前の遺体のまま帰してほしいと強く望んでいたらどうだったのか。そう利恵に聞くと、利恵はしばらく考えて、こう答える。

「たいていの場合、日本人がより強く遺体に触りたいと思い、遺体を抱きしめたいと願うんだよね。アメリカの人もヨーロッパの人もあまり遺体には触ろうとしない。この間は、生後すぐに亡くなった赤ちゃんを抱かせてあげようか、とヨーロッパから来た両親に聞いたら、『いや、いい』って言うんだ。神様のところへ戻してあげたいとは思うみたいだけど、遺体に日本人ほどの愛着はない。私は彼らと長く接していてそう感じる。

でも、日本人は違うよ。みんな亡くなった人が帰ってくると遺体の手を取り、足をさする。小さな男の子を亡くしたお母さんは、その子を抱きしめたまま泣いて、泣いて、どうしても放さなかったんだよ。周りの人たちはそれを引き離すのが大変だったんだ。

だからね、私はママがキスできるようなご遺体にして帰してあげたい。それが私の願いなんだよ。そのままでご遺体を帰したら腐敗臭もするし、衣服や肌についた薬品の臭いもする。家族にはそれでよかったとしても親族や友人との最後のお別れはたぶん無理だよ。だからやっぱりリスクを説明する……。そうすると遺族はたいてい納得して、説明を聞いてよかったと言ってくださる。みんな日本で亡くなった遺体の状態を想像するでしょう？　でも、全然違うんだよ。海外から来た遺体は想像を超える。病院に入院していて死ぬのとわけが違うんだ。ただ亡くなっただけじゃない。亡くなった後の変わり方が違うんだ。きっと息子さんの苦しんだ顔は一生頭を離れない。亡くなったその子は、笑ってお母さんに会いたいと思う、悲しまないでって言いたいと思うんだよ。でも、彼にはもう自分の手を使って身だしなみを整えることもできない。微笑むこともできない……」

だが、先の母親は、たとえ体液で汚れていても、変わり果てていても、そのままの姿を抱きしめて泣きたかったのだ。息子の苦しみごと一生背負う覚悟だったのだ。そんな人がいても不思議ではないと思う。たとえそのことで一生傷が癒《い》えないとしても。

利恵も、少し眉《まゆ》を寄せてこう答える。

「……それでも、どうしてもそのままで帰してほしいというなら、そのままの姿でお連れするだろうね……」

死生観は人により異なる。さまざまな遺族がいて、死の受け取り方はみな違う。死んだ姿を目に焼きつけておきたいという人もいれば、反対に亡くなった時の姿を記憶から消してしまいたい人もいる。

私は何組かの遺族に、エアハースの仕事ぶりについて話をしてもらった。いずれも「利恵さんたちにとてもお世話になったから」と、彼女の活動を丁寧に語ってくれた。だが、いざ原稿に起こしてみると遺体が帰ってきたその日のことは「書かないでほしい」という申し出が多かった。

2

ある遺族の母親は、原稿を確認してもらおうとすると、「まだ、気持ちが落ち着いていないので、原稿を読むことができない」という。申し訳ないと思いながら、一カ月の時間を置いて再び問い合わせをした。やはり同じだった。彼はある国の援助で海外へ行き、そこで帰らぬ人となった。遺族の気持ちはわかる。たぶん「読めない」というのは方便で、彼女は婉曲的《えんきょくてき》な表現でこの原稿が発表されることを拒んでいるのだろう。しかし遺族の証言を書かなければ本当のエアハースの姿は伝えられない。私は、遺族のそっとしておいてほしいという心情と、ライターである自分の本分との板挟みになった。

宙に浮いた原稿をどうすべきか、しばらく私は迷うことになった。

だが、私ものの書きである。なんとか遺族に協力してもらい原稿を発表しようと思った。とにかく読んでもらう前にあきらめるわけにはいかない。書き方には最大限の配慮をしているので、日を通すだけでも通してほしかった。

私は、遺族の自宅へと飛行機に乗って会いに行くことにした。とにかく会えば気持ちをわかってもらえると思ったのである。考えてみれば、その便は彼らが自宅へと遺体を連れ帰ったのと同じ航路をたどるものだった。

その日、飛行機に乗り込むと荷物を棚へと収めた。そして座席に座ろうとした時、いつもは何も気にしない足元に目をやった。何の変哲もない灰色の床だ。しかし、この足の下には貨物室がある。

外を見ると空港は天気雨で夕日が細い雨を照らしている。雨雲の切れ間からは夕暮れの空が見えていた。私が乗るのは国内線だが、羽田空港では、国内線と国際線は滑走路を共有している。飛行機は離陸するために滑走路を走った。移り変わる景色の中、右手に「Tokyo International Airport」という白いネオンが小さく見えた。あれが、国際線ターミナルだ。取材のたびにいつも通るあの建物を、意識して滑走路側から見たのは初めてだった。そしてその隣には海の方角に向かって長く連なる上屋《うわや》が見える。あそこに、遺体が戻ってくる。

ゴーッという大きなジェット音を聞きながら離陸の振動を感じ、しばらくすると雲の上に出た。それまで「魂」の行方をなんとなく考えていたせいだろうか。夕映えの雲の上は今まで見たこともないような神々しさで、私はしばらくその光景を見つめていた。同じ景色を遺族は見たのだろうか。この旅客シートの足の下、貨物室に家族の遺体が眠っていると想像してみる。

窓の外にはただ空が続いていた。幼い頃は亡くなった人は空に帰っていくものだと教えられたが、雲の上のどこにも天国はない。その代わり虹の切れ端が見えた。あとはただオレンジ色の雲がどこまでも続いているだけだった。

夜、遺族の住む町に到着すると、近所の小さな花屋でひと抱えもある白い百合《ゆり》の花束を買い、遺族のもとへ向かう。海に近い町は夜になると真っ暗で、かすかな潮のにおいがする。夜に失礼かとは思ったが、お宅に伺うことにした。地図を頼りに家へ向かう。その住所にある家は静まりかえっており、電気もついていなかった。留守のようだ。

表札を確認し、古い引き戸の前に立つと、格子にはまった硝子《ガラス》越しに家の中の様子が見える。一瞬覗《のぞ》きこんでどきっとした。遺影の彼が満面の笑みでこちらを見ていたのだ。以前彼の「お別れ会」に出席したときに見た遺影と同じ顔だった。

彼は柔らかな笑顔で私に向かってこう語りかけているように見えた。

「母をこれ以上悲しませないでよ」

彼は親孝行だったという。彼のお別れ会でもそんなエピソードが読み上げられた。途端に後ろめたい気持ちになった。

私はそっと後ろに下がると、呼び鈴を押さずにその家から離れた。

エアハースは追いすがるマスコミから遺族を守ったという。私のしていることは、いったいなんだろう。暗い住宅街を歩く私の胸のなかで、百合の花は強い香りを放ち、黒いブラウスは黄色い花粉で汚れた。二分咲きの花を選んで買ったはずなのに、それはもう胸の中でしおれている。

エアハースはこの遺族のために必死になって遺体の処置をした。なのに、その彼らを描くために私は遺族の癒えかけた心の傷を再び開けようとしている。果たしてそれでいいのだろうか。彼らが修復したのは体の傷だけではなかったはずだ。

同じような家の並ぶ住宅街で道に迷い、いつまでたっても駅前に着けなかった。私が罪悪感を持ったところでしかたがない。これが私の仕事なのだ。嫌がる遺族を説得してでも真実を伝えることが必要なのだ。何度もそう考えようとしたが、嫌な気分は一向に晴れなかった。私はその日、やっと辿《たど》り着いた駅前の小さなビジネスホテルに宿を取ると、何も考えずに寝てしまうことにした。

次の日の午前中、私は新しい花束を買ってその遺族宅の前に立つ。やはり硝子戸の向こうで遺影が笑っていた。

「ごめんください」

私は外から二度ほど声をかけてみたが、家の中は静まり返っている。やはり留守のようだった。内心、ほっとした。見るとはなしにもう一度遺影の彼を見る。引き込まれるような笑顔だった。海外援助で命を落とした人だ。だからこそ実名で彼を描きたかった。どんな気持ちで、どんな覚悟で、彼は海外援助の仕事についたのだろう。それもできれば本人に聞きたかったが、それはかなわないことだ。

〈私は、あなたのお母さんにつらい思いをさせているのかな。あなたはどう？　日本に変わり果てた姿で帰ってきたことを書かれるのが耐え難いと思っている？〉

私は駅前まで戻ると長いあいだ喫茶店で時間を過ごし、これからどうするべきなのかを考えていた。遺族と顔をあわせるのは気が進まない。だからといって原稿をあきらめようとも思えない。

午後、再び家の前に立つ。硝子戸から見える遺影と三度目の対面をすると、自然とため息がもれた。

「ごめんください」

声をかけると、今度は中から気配がして母親が姿を見せた。彼女のその顔を見て、お別れ会での消えてしまいそうなほど小さな喪服姿を思い出した。私はその瞬間、すべてをあきらめようと思った。

私は深く頭を下げると、彼女にこう言った。

「しつこく原稿の確認をお願いしてすみませんでした。今日は、そのことを謝りに来ました」

すると、しばらく母親は驚いたように私の顔を見ていたが、

「まあ、まあ。東京から？　遠いところからようこそ。さあ、上がっていってください」と、私を中へと上げてくれた。仏間にはたくさんの新しい花が供えてある。彼の友人が送ってきたのだろうか。彼の志を讃える記事がいくつか飾ってあった。私は線香に火をつけると彼に手を合わせた。私は覚悟の足りない人間だ。心の中で自分のふがいなさをなじる。

母親は丁寧に手をついて私に頭を下げる。

「すみません。あんなに立派に書いてくださったのに、何度も、何度も、お断りして……」

私は恐縮してしまう。

「こちらこそごめんなさい。つらい思いをされているのに、無理を申しあげました」

彼女は冷たいお茶を私に勧めると、おしぼりを渡してくれる。私が手をふいていると、

彼女はとつとつとこう話してくれた。

「時間が経つとねえ。もうちょっと悲しくなくなるかと思ったんですよ。でもね、時間が経つほどつらくなりますねえ。悲しくて、悲しくて、しかたがないですよ。あの原稿を読むと、もう、つらくて、つらくて……」

「わかります……」

家の中は静かだった。古い家の中にはいくつもの遺影が飾られている。どれも年配の人ばかりだった。だが、その中で彼だけが若いままで微笑んでいる。

やはり私の書いたものを読んではくれたのだ。「読めない」という意味が私にはその時よくわかった。優しい人柄の母親が、私に示した精一杯のNOだったのだ。

その後、母親は「食べなさい」と私に和菓子を勧め、よく冷えたパイナップルのジュースを勧め、アルバムを持ちだしてきて彼のことを話して聞かせてくれた。話は尽きない。職場でどれほどみんなに好かれていたか、どれほど親孝行であったか、彼が海外援助を行っていた場所で現地の人々がいかに彼を慕っていたか。まるで私と、母親、そして亡くなった彼がいて三人で卓を囲んで話しているようだった。私はそのエピソードを聞きながら、彼女の記憶の中から最もつらかった時の記憶、つまり遺体で帰ってきた時の記憶が削除され、楽しくて、幸せな記憶へと再編集されつつあることに気づいていた。

懐かしく、愛しい息子の記憶の中に、エアハースの姿は出てこない。

遺族にとって、利恵たちと出会ったのはまさに地獄に仏の心境だろう。だが、だからこそ、彼女たちの顔を思い出すと、胸を引き裂かれるような悲しみの記憶が甦ってきてしまう。

国際霊柩送還士たちにとって、亡くなった人と最も近い一日がある。それは遺体が帰ってきた日だ。彼らは処置をしながら懸命に声を聞き取ろうとする。その人の人生。その人の人柄。その人の伝えたかったこと。どんな姿で家族のもとへ帰りたいか。いつも、どんな髪型を好み、どんな笑顔をしていたか。そして家族に何を伝えたいか。

その一瞬、亡くなった人は利恵たちにとって、恋人よりも、家族よりも、ずっと近い人になる。アメリカではエンバーマーは神父や牧師の次に尊敬される職業であると聞く。しかしどれほど利恵たちの仕事が遺族の心を救ったとしても彼らのことを讃える声を聞くことはない。遺族は人生で一番つらい記憶を忘れようとするからだ。

無理もない。もし私が子どもを運んでもらったとしたらどうだろう。

私は利恵たちに、感謝して、感謝して、心の中で手を合わせ、きっと彼らを忘れるだろう。そして二度と思いだすことはない。

私は利恵たちに会ったことを忘れ、彼らの名前も顔も忘れ、子どもが亡くなったことすら忘れ、その子との幸せだった記憶だけを繰り返し、繰り返し、思い出す。最初に歩いた日のこと、最初に「ママ」と言った日のこと、抱きあげた時の髪のひなたのにおい、首に回した手の小ささ、泣きべそをかいて走っていた運動会のかけっこ、小学校の入学式、親子げんか。そして「行ってきます」と家を出たときの笑顔……。どんなにささやかな記憶でもそれをかき集め、寝る前にはひとつ、ひとつ、思い出す。

私はそう思うと、ふいに安堵《あんど》の気持ちに襲われた。


ああ、これでいいのだ。


私は初めて国際霊柩送還士の本当の仕事を知ったような気がする。国際霊柩送還士は忘れられるべき人たちなのだ。裏方として彼らは一瞬、人の最もつらい現場に立ちあい、そしてまた裏方として人の目に触れない場所へと戻って行く。

利恵はかつてこう言っていた。

「私の顔を見ると悲しかった時のことを思い出しちゃうじゃん。だから忘れてもらったほうがいいんだよ」

エアハースは遺族にとって一番いい形で亡くなった人を連れて帰ることができたのだ。だからこそ、遺族はエアハースを忘れることができるのだろう。いつか亡くなったときの一番つらい記憶は薄れ、一番いい思い出とともに遺族は亡き人を思い出す。亡き人の心優しいエピソードを聞きながら、利恵たちが遺族に贈ったささやかな希望が確かに息づいていることを感じた。

利恵さん、山科さん、利幸さん、慎太郎さん、古箭さん、桃さん。

よかったですね。あなたたちはきちんと忘れられようとしています。

よかったですね。

その昔、葬儀関係者はいわれのない差別を受けたという。今はそんな感情は、私も含めて、もう現代の口本を生きるほとんどの人には存在しない。もし、かすかに忌避の感情を感じることがあるとすれば、じっと目を凝らしてその正体を見極めなければならない。もしかしたらそれは差別の感情などではなく、死の記憶を厭《いと》う、どうにもならない遺族たちの悲しみなのかもしれない。利恵たちはその遺族の気持ちがよくわかっている。わかっていて、自らの仕事を心から誇りに思っている。それが彼らの仕事なのだ。

私は礼を言い、玄関を出た。外は激しい夕立だった。母親はビニールの傘を「さしていってください」と私に渡し、「わざわざ、こんな遠くまで来てくれてありがとうございました」と言ってくれた。

「いいえ。私こそ。本当に来てよかったです。来てよかった。どうぞお母さんもお元気で」と、私も手渡された傘を手に頭を下げる。

視線を上げた先、大きな雨粒に煙る玄関の奥に、遺影の彼が微笑んでいるのが見えた。

3

二〇一二年八月二〇日、悲劇的なニュースが報じられた。シリア内戦を取材中のジャーナリスト山本美香《やまもとみか》（四五）が戦闘状態のシリア北部の都市アレッポで政府軍とみられる部隊に銃撃され死亡した。私はテレビの画面にくぎ付けになる。日本外務省の発表によると、遺体はトルコ南部キリスの病院へと搬送された。キリスで司法解剖があり、遺体はイスタンブールに運ばれる。そこで遺族と対面する予定だという。

日本テレビ系列のテレビカメラは山梨県にある山本の実家へと入っている。そして二一日午前九時ごろ、ジャパンプレスの同僚で、シリアで共に取材を行っていた佐藤和孝《さとうかずたか》から、亡くなった時の状況を伝える電話連絡が入る場面を捉えていた。

電話を受けた山本美香の父親、孝治《こうじ》は「(佐藤さんも）一緒にいたの？　狙撃《そげき》されたの？　乱射ですか。死因は？　言って。ああ、……首の貫通銃創が。涼しい部屋で眠らせたかった」と涙を流した。

海外から訃報がもたらされる時の衝撃をさまざまな遺族の口から聞いている。その最も過酷な一瞬を私はテレビ画面を通して見ていた。そこにカメラを向ける側も、カメラを向けられる側もつらいだろう。だが、父親も元ジャーナリストだという。その姿に撮られる覚悟、報道される覚悟を感じた。

きっと、エアハースが動いている。そう思った。だが、利恵は遺族のプライバシーについて一切教えてくれることはない。

私は先の遺族に会いに行って以来、もう積極的に前へ出て遺族にインタビューしようとは思わなかった。だが、山本の死はむしろ伝えられるべきものではないか。テレビ画面を通した佐藤の言葉や父親の姿には、そう思わせるものがあった。きっと亡き人が命を懸けて伝えたかったことを、彼女に代わって我々に伝えるつもりなのだろう。テレビでは刻々と遺族の言葉が伝えられる。二二日、イスタンブールに到着した山本の妹がインタビューに答えている。

「とにかく少しでも早く姉のそばに行って手を握ってあげたい」

イスタンブール発の共同通信によると、二三日夜、イスタンブールのモスクで遺族は遺体と悲しみの対面をした。伝えられるところでは、遺族は故人の顔に自分の顔を近づけて「美香ちゃん」などと呼びかけた。

遺族らは「髪柔らかいね」「ああ、いつものきれいな美香だ」と話し、嗚咽《おえつ》を漏らしていたという。遺族との対面は二四日にずれこむとみられたが、遺体に服を着せたり、化粧をする前に会いたいという遺族の希望で、遺体がトルコのキリスからイスタンブールに到着してわずか五時間後の対面だったという。

記事を読むと、処置に対して遺族は複雑な想いを感じているようにも思えた。日本に到着してからのエアハースの処置は果たして受け入れられるだろうか。

遺体が着くのは二五日の午前であると報道は伝えている。たぶん羽田ではなく成田であろうと見当をつける。私は利惠に電話をかける。

「山本さんは利惠さんが運ぶんですか？」

彼女は「知らない」と言った。しかし、私はこの件もエアハースが受けているのだと確信した。

遺族に直接話を聞くつもりもない。プライバシーを暴くつもりもない。私はただ、利惠たちの後ろ姿が見たいと言った。

それに対して利惠はこう答える。

「ご遺族のプライバシーに関することは私たちの口から何も言うことはできないし、あなたたちを先導するわけにはいかない。涼子さんを止める権利は私にはないけど、ここまで、という場所から先は絶対についてこないと約束して」

私はうなずいた。一緒にエアハースを取材していた写真家の塩崎亨《しおざきとおる》に連絡を取ると、彼の車で処置車を追いかけることにした。

朝五時半に起きて、私たちは羽田空港へと向かう。七時半に、彼らはもう処置車兼霊柩車の準備をしていた。今回出動するのは薄青いマイクロバスだ。彼らは車をきれいに整頓《せいとん》すると、必要な道具を車内に運び込み準備を済ませる。そして社員たちはいったん事務所へと戻っていった。きっと神棚に柏手を打ち、目をつぶって手を合わせているだろう。いつもの見慣れた風景だ。だが、私は今回、テレビの報道で遺族の悲しみを知っている。

社員たちは黒い上着を手に持ち事務所の出口まで出てくるとそこで背を向けてこうべを垂れる。その背中に桃がカチ、カチと切り火を打ち、火花が背中に散ったのが見えた。

「行ってきます」

社員たちは事務所を出ると、ターミナルを横切り処置車に乗りこんだ。私たちも後を追う。暗いビルから外へ出ると、強い日差しで視界がしばらくハレーションを起こす。

羽田空港国際線貨物ターミナルは朝だというのに猛烈な暑さだ。アスファルトからは熱気がたち上ってくる。車はゆっくりと構内を出ると、成田方面へ向かった。私の乗りこんだ車がそのあとに続く。

夏休みも終わろうとする八月最後の土曜日。湾岸線はいつもより混んでいた。動いたり、止まったりする車の中で我々はエアハースの霊柩車の後ろ姿を見つめている。その日は追突事故が多かった。道中二台の車が路肩に停《と》まっている脇を私たちは通り過ぎる。

私は利恵がいつも言っている言葉を思い出していた。

「ご遺体は代えがきかない。だから慎重な運転を」

車を運転している塩崎も同じことを思ったのだろう、ハンドルを持ちながらこう言う。

「トシさんの運転はいつ見ても、本当に丁寧ですよね」

まだ柩を積み込んでいないが、エアハースの車は確実な運転で成田を目指していた。


シリアでは山本が亡くなる前から、市街で銃撃戦が行われ、多数の死者を出していたはずだ。なのに彼女を知り、彼女の伝えたかったことを知るのは、彼女の命が失われてからなのだ。シリアの内戦によって奪われた命は伝えられるところによると約二万三〇〇〇人。あまりに数が多すぎて亡き人の固有名詞は奪われ、死に対して鈍感になる。他国の内戦なのだからどうしようもないと、今まで私は思っていた。だが、内戦だから何がどうしようもないというのだろう。山本美香の訃報に接するまで、意識して目にすることのなかったネットの動画を「シリア」「虐殺」で検索してみる。すると、次々とシリアで虐殺された人の遺体の映像が出てくる。亡くなった血まみれの子どもにすがって、むせび泣く母親の姿がある。砂ぼこりの立つ路上に転がったままの遺体がある。子どもの遺体ばかりが絨毯の上に並べてある映像も見た。ほとんどがまだ小学校にも上がらない年齢の子どもたちだ。みな無残にも傷口をぱっくりと開けたまま人形のように動かなくなっていた。これらの動画も、誰かがビデオを回して撮っているのだろう。

ＣＮＮの伝えるところによると、山本の遺体が帰って来たこの日、シリアの首都ダマスカス郊外のダラヤ地区で女性や子どもを含む住民、少なくとも二四五人の遺体が発見された。遺体の多くは銃で至近距離から撃たれており、政府軍による新たな虐殺の可能性が指摘されている。人権団体はこの日、シリア全土で約三七〇人が死亡したと発表している。昨年の三月に反政府デモが始まって以来、一日の死者としては過去最悪となった。だが、それらの遺体はエアハースのような人々によって手厚く処置をされることもない。遺族は無残に朽ちていく亡き人の姿を一生忘れることはないだろう。憎しみの連鎖は続く。

そして、私が検索した動画の中には、山本美香の遺体にすがって泣く佐藤の姿もあった。「痛かっただろう」。彼は画面の中で絞り出すようにしてそう言った。

東日本大震災で我々は多くの犠牲者が出たことに衝撃を受け、涙を流したはずだった。海外から寄せられた援助や励ましの言葉に、確かあの時、他国で亡くなる人のことをわが身に置き換えて考えようと思ったはずだ。だが、シリアの情勢に関心を寄せ、心を痛めていたかといえば、とてもそうとは言えない。いつも同じだ。気がつけば私は他人事という名の無関心の中にいる。山本の死の陰には、多くのシリア人の死がある。彼女の遺族の陰には、多くのシリア人遺族の悲しみがある。国籍は違っても私が会って話を聞いた遺族と何の違いがあるというのだろう。

毎日流れてくる大量の情報にさらされて、私は身を守るように情報に対して不感症になっていく。誰かが亡くなって初めて耳を傾け、注視するのだ。そして失われて初めて、何が大切かを知るのである。

耳を傾けさえすれば、亡き人は今でもその声を伝え続ける。

山本美香の撮影した最後の映像が、連日ニュースで繰り返し報じられた。戦渦の町のアパートの窓から女性たちが不安げに外を見ている。小さな子どもを連れた家族が道を歩いている。父親に抱かれた小さな赤ん坊が映し出される。「かわいい」。思わず漏れた山本の声が映像には入っていた。そんな場所で銃撃戦は起きている。小さな子どもの手を引いて、親たちは逃げ惑っている。映像に映し出された無数の遺体の中には、そんな子どもたちも入っているはずだ。

そしてもうひとつ、彼女の撮った映像を見たあと、いつもなら聞き流してしまうニュースに胸をつかれた。八月二三日に、東京の千鳥《ちどり》ヶ淵《ふち》ではシベリアやモンゴルに抑留された犠牲者追悼式があった。もう戦後六〇年を過ぎ、私から見れば遥《はる》か過去の話のようにも思えるのに、遺族や関係者の悲しみはいまだに癒えてはいないのだ。

抑留経験者の池田幸一《いけだこういち》（九一）は画面の中で、切々とこう訴える。

「いったい何のため、誰のための強制連行であったのか。奴隷労働だったのか。いったい何人の人が連行され亡くなったのか、国の責任で明らかにしてほしい」

厚生労働省によると、三万六〇〇〇人の遺骨が、残されたままだという。遺族や関係者たちは、その骨にいまだに想いを残す。人は亡き人をかくも忘れられないものなのか。

「一緒に帰ろう。日本へ帰ろう」

人々は生きている限り、遺骨の収集をやめようとはしない。それが人の情なのだ。

昔も日本人は海外で大量に亡くなった。だが今のように遺体が帰ってくることはなかった。遺骨が帰ってくればいいほうで大半が異国の土となった。戦争になれば遺体や遺骨は丁寧に扱われることもない。無数の人々が弔われもせず、家族にも会えずに朽ち果てる。そもそもエンバーミングの歴史の始まりもアメリカの南北戦争だった。たとえ遺体であっても会いたいと願う肉親の想いがエンバーミングを発達させた。今の日本は、遺体が帰ってこられる平和な状態だ。だが、それは決して当たり前のことではないのだ。

インタビューで「なぜ戦争が繰り返されるのか」と問われた山本が語った言葉が、心に残る。

「無関心というのが大きな罪のひとつではないでしょうか？　根っからの悪人はそれほどいないのに、戦争は起きてしまう。原因はいろいろありますが、戦争が起きる兆候は必ずあって未然に防ぐ手立てもあるはずです。でもそれを自分には関係ないと目をそらしてしまう。一度始まった戦争を止めることは難しいと知っているのに、私たちは未然に戦争を防ぐことを怠っているのです」（日経ウーマンオンライン）

エアハースの霊柩車は成田空港第一旅客ターミナルに入っていく。そして利恵をそこに降ろした。利恵は関係者と打ち合わせをした後、遺族の出迎えをするのだろう。私たちは利恵の後ろ姿を横目に霊柩車の後ろをついていく。

霊柩車は貨物地区へと滑りこんでいく。成田空港には羽田とは比較できないほど巨大な国際貨物ターミナルがある。しばらく中を走っていくと、ある上屋の中へと霊柩車は入った。航空貨物会社の職員がシャッターを下ろす。私たちは見ることができないが、ここで柩を乗せるのである。

その時間、きっと空港の表側でテレビカメラは飛行機から降ろされた柩を捉えている頃だろう。しばらくするとシャッターが上がり、エアハースの霊柩車と、警察車両が、ゆっくりと上屋を出てくる。彼らの車は、成田空港の駐車場の一角にほかの車と離れて停められる。関係者以外近づかないように、ワイシャツ姿で腕章をつけた警察官が、霊柩車の周りに張り付いている。我々も邪魔しないように、数百メートル離れた場所でそれを見守っていた。

報道によると、警視庁組織犯罪対策二課が海外邦人に対して重大な罪を犯した外国人に適用する刑法の国外犯規定に基づき、殺人容疑で捜査を開始するとあった。

組対《そたい》二課はこれからこの場所で柩がきちんと届いたことを確認するのだろう。そして遺体は荻窪《おぎくぼ》署へと運ばれ検死が行われる。その後、荻窪の自宅へ帰る予定だという。

私たちは清涼飲料水を飲みながら、霊柩車の出発を待つ。羽田空港も空が広いが、成田空港は一段と空が大きく見える。そびえたつ管制塔の後ろには、真っ青な空に大きな入道雲がもくもくと出ていた。

「暑いですね」

「暑いね。塩崎さん、夏休みはお子さんたちをどこかへ連れていった？」

「いえ、……忙しくて……。佐々《さ さ》さんは？」

「うちのはふたりとも大きいから。ひとりはインドへ行くってバイトしてるし、ひとりは受験勉強だよ。でも、もう夏休みも終わりだね」

こういう場面ではつい家族のことを話題にしてしまう。

塩崎も私も空しか見るものがなく、三〇分近く猛暑の夏空を眺めていた。いくつかの飛行機雲が空に線を描いていた。利恵は遺族の出迎えをしている頃だろう。その後一緒にシリアから帰国した佐藤が会見をする予定だという。時折、小さく利幸の姿が見える。ここ数日どれほどの緊張感の中にいることだろう。しかし、彼の広い背中は遠目にも頼りがいがあるものだった。

しばらくすると車両が動き始めた。エアハースの薄青いマイクロバスはゆっくりと旅客ターミナルへと移動する。私たちもそれについていった。

霊柩車の到着した場所にはすでに黒い服を着た一団が集まっていた。報道関係者だろう。そこをジャーナリストの佐藤が歩いて霊柩車の助手席に乗りこんでいく。一緒にいた利恵は、私たちに気づき視線を向けた。

目で「ここまでだよ。もうついてくるな」と言っている。私はうなずく。佐藤が助手席に乗り込み天を仰ぐのが一瞬見えた。我々は遠ざかっていくエアハースの霊柩車を見送った。

次の日には司法解剖があり、遺体は山本の実家、山梨へ搬送される。

八月二六日、マスコミ各社は山梨の実家前で遺体の到着を待つという。遺族の家にエアハースの許可なく我々が取材に行くことはない。だが、今回は大勢の取材陣が集まるらしい。どうするかしばらく考えたが塩崎の車で山梨の都留《つる》市へと向かうことにした。

私たちは解剖の時間は一時間か二時間ぐらいだと思ったので、前日報じられた情報を総合すると午後二時か三時には解剖が終わる。それにあわせて都留市内に入りファストフード店でエアハースの車が到着するのを待つことにする。

だが結局、司法解剖は九時間に及んだ。遺体の到着は夜九時を回る。トルコで司法解剖をされ、航空機に長い時間乗せられて、また日本で司法解剖をされる。彼女が亡くなって六日も経っている。シリアのアレッポ、トルコのキリス、イスタンブール、そして成田、都内の病院と、きっと遺族と山本美香には、とても長い旅だっただろうと思う。エアハースは司法解剖ののち処置をして実家へと送ることになるはずだ。一刻も早く実家へと帰したいと望んでいるのは遺族だけではなく、彼らもきっと同じだろう。

エアハースに問いあわせても、やはり搬送についての詳細は一切教えてくれなかったが、今日は利幸と慎太郎のふたりが朝の五時には出勤しているという。彼らの働きぶりには本当に頭が下がる思いだった。

山本の実家は、周りを山に囲まれた閑静な住宅街にあった。とっぷりと日が暮れると、近くにある田んぼからは秋の虫の声が聞こえる。吹いている風はもう秋の涼しさを伴っていた。空には東京では見たことがないほどたくさんの星が出ている。歩いていると近所の家からは「二四時間テレビ」の声が聞こえてくる。番組内では芸能人がマラソンを走っている最中のようだった。夏が終わろうとしている。なんでもない住宅街に、いつものように訪れる平凡な時間。ありふれた日々がこのまま過ぎていくはずだった。だが、彼女の実家の前には一〇人前後の報道陣が脚立を立てて中継の準備をしている。

報道関係者の開くパソコンの青白い光で彼らの顔が闇夜にぼおっと浮かび上がり、そこだけが異様な雰囲気を醸し出していた。

途中、隣家の女性が男の子の赤ん坊を連れて外に出てきた。

「どうも、おつかれさまです」と我々に声をかける。「あら、かわいい」と思わず声を上げると、「孫なんですよ。アメリカから遊びに来ていて」と言う。聞けば生後六カ月だそうだ。山本の最後の映像にもこれぐらいの子が映っていたのを思い出す。

午後九時三〇分を回ったころ、報道関係者の動きがあわただしくなる。取材陣がビデオ用のライトを点ける。明かりに照らされた道の向こうから、エアハースの白いエスティマが姿を見せた。

利幸が乗っている。慎太郎が乗っている。そして遥かかなた内戦の地から帰ってきたジャーナリスト、山本美香がそこには乗っている。彼女の無念を思うと胸がつまる。

「亡くなった人は歩くことができない。亡くなった人は身だしなみを整えることができない。でも、家に微笑んで帰りたかったと思う。おしゃれしてただいま、って言いたかったと思う」

利惠が言っていた言葉が頭をよぎる。

利幸が柩の一番後ろを持って通り過ぎる。慎太郎があとに続いた。家の奥からは女性の泣き声と、名前を呼ぶ声が聞こえてきた。

つらい時間だった。しばらくすると気丈にも父親の孝治が出てきて、カメラの前に立つ。そしてしばらく、娘の同業者であり、かつての自分の同業者である私たちの顔を見まわした。私とも目があった。彼女と私は同学年にあたる。きっと同じぐらいの年齢の女性だと思ったのだろう。彼の挨拶はまず、報道関係者に向けられた。

「今日は長い時間ごくろうさまです。娘、美香のことを報道してくださってありがとうございます」

シャッターの音がして、ライトが父親に向けられる。利幸と慎太郎はまだ家から出てこない。時折虫の声がまじる。涼しい秋風に乗って稲のにおいが運ばれてきた。そして父親はこう語った。

「……凶弾に倒れて無念ではございますが、（実家に）帰ってきて『眠い、眠い』と言って昼過ぎまで寝ていたときと同じような顔で帰ってきてくれました。それがせめてもの救いです」

私は、ただこの一言で理解した。

あの事件から一週間ぶりに日本に帰ってきた彼女に、エアハースはかけがえのない贈り物をしたのだ。

人は絶望の中で、わずかな救いを見出《みいだ》そうとする。彼らは一瞬、誰よりも亡き人と遺族のためにできることをして、また静かに記憶の中から消えていくのだ。だが利幸も慎太郎も、この言葉で十分報われたと思うだろう。

そして親子揃ってジャーナリストだった父親の最後の言葉はこう締めくくられた。

「つらいことではございますが、これからは娘の歩んできた道をしっかりと振り返りながら、明るい平和な社会が世界各地で取り戻せますように祈りながら、みなさまのご活躍をお祈り申し上げながら、さらに同時にみなさんの安全をお祈りして、挨拶と代えさせていただきます。この一週間ありがとうございました」

我々に「死ぬな、生きよ」と彼が伝えたように私には思えた。ジャーナリストとしての娘を誇りに思うと言った父親が、一番娘に伝えたかったのは本当はこの想いだったのではないだろうか。

〈死なないで帰ってこい、生きて帰ってこい〉

利幸と慎太郎が家から出てくる。我々に気づきちょっと驚いたようだったが、彼らは業務中だ。少しだけ頭を下げると誰にも目立たぬようにすっと車に乗り込み、塩崎と私に目礼すると静かに車を走らせた。

彼らはこれまでもずっと遺体を搬送し続けていた。報道されるような大きな事件、事故には必ず彼らの働きがある。災害時にも、紛争時にも、彼らは海外で亡くなった邦人とその遺族を助けてきた。カメラの前を何度も通っているはずなのに、誰も彼らに気を留める者はいない。なぜなら死を扱う仕事だからだ。社会を本当に支えているのは誰か教えよう。海外で家族を亡くして悲嘆に暮れている時に、誰が力になってくれるかを教えよう。それは彼らのような人々だ。人々に寄り添い、そっと人々の前から消えていく、いつも忘れ去られる人々だ。

我々の視線の先を、エアハースの霊柩車が暗がりの道へ消えていく。帰りの高速道路は混んでいる。彼らが東京へ帰りつくのは深夜二時を回るだろう。きっと利恵も会長も桃も彼らが帰りつくまで眠らずに待っているはずだ。

報道陣が撤収してしまうとあたりは静まり返り、細い住宅街の道路は暗闇の中へと沈んだ。まるで何事もなかったかのような静寂だ。塩崎と私も車へと戻るために歩き出す。

「佐々さん、あれ、なんだかわかりますか？」

塩崎が示す濃紺の空に、青い山々のシルエットがある。その中に星より少し小さな光の粒が帯になり、空に向かって続いている。

私は首を横に振る。

「あれは富士山ですよ。あの光はね、ご来光を拝むために登山者たちが夜、山道を登っている明かりです」

「ああやって、夜明け前から登るんだね」

そういえば古箭は以前、富士山を見ると日本人であることを意識すると言っていた。その通りだと思う。

「あの明かり、きっと佐々さんなら魂が昇っていくような、って言うんでしょうね」

塩崎が少し笑った。

「そんなことないよ」

私も少し笑った。

「佐々さん、魂ってやっぱりあると信じてるんですか?」

「……わからない。あると思う時も、ないと思う時もあるかな……」

だが、満天の星に連なる小さな光の粒は亡き人の魂ではなく生者の明かりだ。あれは明日の日の出を見るための、生きている者の営みだ。この世に遺された者はこれからも生きていく。生きていかなければならない。

山本美香は子ども向けの著書『戦争を取材する』の結びでこう記している。

「平和な世界は、たゆまぬ努力をつづけなければ、あっという間に失われてしまいます。私たち大人は、平和な社会を維持し、できるだけ広げていけるように道をつくります。そして、これから先、平和な国づくりを実行していくのは、いま十代のみんなです。世界は戦争ばかり、と悲観している時間はありません。

この瞬間にもまたひとつ、またふたつ……大切な命がうばわれているかもしれない
――（略）」
そして彼女は、最後の著書の、最後の一行で未来を担う子どもたちにこう呼びかけた。
「さあ、みんなの出番です」

おわりに

生きなさい。ふり返っていのちを無駄にしたと後悔しないように。
生きなさい。してきたことを悔やみ、別の生きかたを望むことのないように。
正直で、じゅうぶんな人生を生きなさい。
生きなさい。

エリザベス・キューブラー・ロス

著書『人生は廻《まわ》る輪のように』（上野圭一訳）でエリザベス・キューブラー・ロスは、死に瀕《ひん》している人が自ら何を感じているかを医療関係者や宗教関係者に伝える、という授業を行った際のことを記している。彼女はこの授業を通じて、彼らの伝えたいメッセージは煎《せん》じ詰めればすべて同じだとして、右のような言葉を残した。

亡くなった人から我々が託されているであろう宿題はふたつだ。ひとつは、命を終えてしまったその人の分まで人生を生きぬくこと。そしてもうひとつは、その人との別れを悲しみぬくこと。

死別のあと、そのふたつはしばらくの間、重なることになる。生きぬくことは悲しみぬくことであり、悲しみぬくことが生きぬくことと同義となる。その人のいない人生を生きていくのはつらいことだ。できれば現実から目をそらして生活していきたいと願う。だが我々は経験的に知っている。もう悲しみ尽くしたと言えるまでは、悲嘆は我々を解放してはくれない。

取材をする前に私は漠然と思っていた。エアハースの人々は死の現場のプロとして、遺族をうまく慰め「悲しませない」方法を知っているのではないかと。だが、彼らからは、口当たりのいい慰めの言葉や、悟りきった説教など、安易な言葉をついに聞くことはなかった。

彼らは遺族の涙を止めようとは思っていない。国際霊柩送還の仕事とは、遺族がきちんと亡くなった人に向き合って存分に泣くことができるように、最後にたった一度の「さよなら」を言うための機会を用意することなのだ。「いっぱい泣いていいよ」「好きなだけ別れを惜しんでいいよ」と、国境を越えて亡くなった人を連れてきて、悲しみ尽くすことに力を貸してくれているのである。木村利恵をはじめとしたエアハースの面々は体を張って、その時間とスペースを作っているのだ。

ひるがえって私たちはどうだっただろう。東日本大震災後、悲嘆に向き合うための時間とスペースを体を張って作ることができただろうか。悲しみ尽くしていない人に無理な立ち直りを要求しなかっただろうか。

死はどのようにも姿を変える多面体だ。さまざまな姿に変容して、私たちのその時々の心の姿を映し出す。

以前、死と遠いところにいた私にとって死は理屈の上での死だった。人は脳死や心停止によって死亡し、そしていなくなる。それが「死」。だがそれは単なる「概念」でしかなく、目の前にある具体的な死とはなんの関係もなかった。またある時点で死とは「感情」だった。引き裂かれる悲しみと失ってしまう不安、そして恐怖。どんな体験よりも強烈な負の感情。それが死そのものだった。

だがエアハースの人々に話を聞き、毎日のように死について考えていると、死のショックと悲しみという激しい感情をくぐりぬけたところ、もっと心の奥深くの静かなところにたどり着くこともある。私の外部をあれだけ捜しても見つからなかった人が、心の奥にちゃんと「生きている」のである。沈黙の中でパソコンのキーボードを叩いていると、すぐそばにいて私の書くものを眺めている。

それは悲嘆を通りぬけた先にある死の本当の姿のようにも思えるのだ。

彼らは心の中に戻ってくる。悲しみぬいたあとの生きる力となる。もっと親しく、もっと強くそばにいてくれる。だから一度、「さよなら」を言う必要があるのだ。

以前この取材に入る前に、ある編集者に言われた言葉を思い出す。

「医者みたいに人を救う人なら書く意味もあるだろうけど、死んだ人を運ぶ仕事を書いてどんな意味があるの？」

今なら答えることができる。

「亡くなった人でも救うことはできる。私たちが悲しみぬいて、きちんと生きぬくことができるなら。それを手助けしてくれるのが彼らの仕事なのだ」と。


二〇一一年に私がこの現場へ取材に入ることができたのは、この国でたくさんの人が亡くなったことと無関係ではないと思っている。この原稿を書く力になっているのも、木村利恵を強くさせているのも、亡くなった人の「存在」だ。人間は時間をもとに戻すことができないし、失われたものを取り戻すことはできない。だが、死者とともに生きることはできる。

東日本大震災の一年ほど前に島田裕巳《しまだひろみ》著『葬式は、要らない』がベストセラーとなり、葬式不要論がブームとなった。家族や地域共同体の力が弱まり葬儀を維持できなくなったことや、昨今の葬儀の形骸化《けいがいか》がその背景にはあるのだろう。

だが今震災を経験して、弔いというものが人間にとっては本質的に必要なのだと私たちは理屈を超えて気づきつつある。葬儀は悲嘆を入れるための「器」だ。自らの力では受け入れることができない悲嘆に向き合わせてくれるしくみなのだ。

今、我々は生きぬくことと、悲しみぬくことが同義の時代を生きている。

では、いったいこの時代の我々にとってどんな弔いが必要なのか。あるいはこの国にとってどんな弔いが必要とされているのか。我々は一度ここで立ち止まり、考えてみる時期に来ているのではないだろうか。形式や料金の話をしているのではない。悲嘆を癒すためにはいったいどのようなことを我々はなすべきなのか、という問いである。

もっと言うなら、我々はどう悲嘆と向き合っていったらいいのかを学ぶ時期に来ていると言えるのかもしれない。

悲しみぬかれておらず、吟味し尽くされていないものはいつか必ず同じ問題へと我々を引き戻すことになるだろう。

我々は弔い損ねてはいないか。

エアハースで働く人々の後ろ姿は、いつも我々にそう問いかけているように見えるのである。

文庫版あとがき

『エンジェルフライト　国際霊柩送還士』を、久しぶりに読み返している。書き上げてからもう二年半が過ぎたのか。はるか昔のようにも、つい昨日のようにも思える。どうやら「死」にまつわる時間の感覚は、通常の時間の流れと異なっているらしい。年を重ねるごとに時間の流れは速くなり、私は大事なことも、そうでないことも瞬く間に忘れるようになった。しかし、死の記憶は川に投げた小石のように意識の奥底に沈み、決して遠ざかってはいかない。

ときどき、出張で羽田空港を使うことがある。搭乗までの間、台風一過の高い空を眺めたり、ロビーの喧騒の中を歩いていたりすると、記憶の中に佇む誰かから、ふいに声をかけられたような懐かしさに襲われる。しかし、それはまた、たちまち無意識の暗がりへと沈んでいってしまう。

取材当時の私は、ノンフィクションライターになるのだという志もなく、そういう職業に就くのだという心構えがあったわけでもない。ましてや賞をいただくとは思いもしなかった。人に勧められるまま、原稿を仕上げるひとつの目安として、開高健ノンフィクション賞の応募締め切り日を目指すことにした。その結果として、こういう肩書きがついたのだ。今でも自分がノンフィクションライターなのだという気がしない。たぶん、これからもずっと自分が何者なのかわからないまま、つかのま誰かの知らない人生に入っていき、そして出てくるという生活を続けるのだろう。

この取材を始めたころは、原稿を発表する媒体も決まっていなかった。飛び込みのセールスマンのごとく、オフィスに押しかけ、土下座せんばかりの勢いで取材を申し込んだ。よく、どこの馬の骨ともわからない私の取材を受けてくれたと思う。

エアハースのスタッフは情に厚かった。オフィスでは、居場所がないのは不便だろうからと、私の机を用意してくれた。昼には弁当を購入するための名簿まで回ってきて、仕出し弁当を一緒にいただいた。彼らはきびきびとよく働き、寒い冬も暑い夏も、電話を合図に飛び出していく。体を張っての仕事だった。

一方で取材の制約も多かった。遺族のプライバシーや、仕事上のノウハウに関しては、ガードが固くて書けないことが多く、何か遺族に失礼なことをしたら、放り出されかねない緊張の中での取材だった。書き手としては悩んだ。一〇〇パーセント書けないのなら、どこを捨ててどこを取るかの決断をしなければならない。国際霊柩という仕事そのものについて迫り切れていないという批判があるなら、甘んじて受けよう。

だが、思うのだ。もし興味本位で国際霊柩の仕組みや、仕事の内容を知りたいと思っていたら、そもそも取材を引き受けてくれただろうか。たぶん、あの威勢のいい口調で、ぴしゃりと断られたに違いない。「遺族の気持ち、わかってんの？」と。私が彼らの仕事場に入れたのは、限りなく遺族に近い目線でいたからなのではないだろうか。

私は母の死を前にして、「死とは何か？」を教えてもらいに、彼らのところを訪ねたのだ。取材の時に口にこそ出さなかったが、そのせっぱつまった必死さが、どこかで伝わったのだろうと思う。

私は家族の死について、ほとんど未経験だった。それが、いきなり家族の命を選択する立場に立たされた。

国際霊柩の現場に入ってみると、海外では、家族の意思に反するできごとで、たくさんの人が家族を亡くしていた。災害、事故、事件、突然の病死。様々な悲劇は起こるが、我々は死には不慣れだ。誰もがそれほど強いわけではなく、こんなときには、支え合いながら乗り越えていかなければならない。だが、客観報道では、死は数字の上でしか語られず、遺族感情が共有されずに来たことに気づかされるのである。裏方として働くエアハースのスタッフたちは、多くの遺族と接してきた。彼らが私を通じて、何を伝えたかったのか、今ならわかるような気がしている。

読み返してみれば、拙い原稿だ。文章の中の私は必死で、遺族のために何もできず、ひたすら傍観者でいることの罪悪感や、うしろめたさに日々うちのめされていることが、正直に表されている。

それでも、私にとって、この作品を執筆できたことは、得難い経験だった。この作品を通じて、私は家族を亡くした人々とつながることができた。それは、エアハースのスタッフの、真摯な後ろ姿を伝えさせてもらったからだろう。

彼らに教えられたことは、のちのライター人生にとって、大きな財産となった。特に利恵さんの遺族に寄り添う姿勢からは学んだことが多かった。形は違っても、私も同じ気持ちでいようと思いながら執筆をしている。

その後のことを記しておこう。私はあれから、「死」の出てこない原稿を書いたことがほとんどない。この二年の間に、何人もの「死」を見聞きしてきた。病で死にゆく人にICレコーダーを向け、ある時は、殺人事件の被告人に会いに数か月間拘置所に通い、ある時は、東日本大震災の被災地に入り、震災当日の様子を文字にした。拙著『紙つなげ！　彼らが本の紙を造っている』（早川書房）は、そんな日々から生まれた一冊だ。

それでも私は毎日お腹が減るし、テレビを見れば笑う。「死」は日常生活に自然に入り込み、私は日々、なんとかして丁寧に、尊厳を傷つけずにと願いながら、「死」を読者のもとへ届けている。相変わらず死についてはは素人だ。わかったふりをするのだけはやめようと思っている。

この作品には、不思議なめぐりあわせを感じる。二年の歳月ののち『エンジェルフライト』の文庫化が決定して、手元にゲラが戻ってきた。ちょうどそのとき、母が亡くなったのだ。一〇年間の壮絶な闘病の末の眠るような死だった。とうとう私も遺族のひとりとなった。初七日、四九日とあわただしく法事を済ませながら、あの頃、懸命に解いた答案の答え合わせをするように、私はゲラに赤を入れている。

出版からずいぶん時間がたった今でも、ネットに本作の感想が上がってくる。人はときどき、死について語りたいのだと思う。


この取材を受けてくださった、エアハースのスタッフのみなさん、そして取材を受けてくださった遺族、関係者の方に心より感謝を申しあげたい。厳しい状況の中にもかかわらず伝えてくださったことが、この本のすべてである。写真家の塩崎亨さんは、最初から現場に入って、素晴らしい写真を撮ってくれた。出身校、編集の学校／文章の学校の安在美佐緒さんは、私にノンフィクションを書くことを熱心に勧めてくれた恩人である。この学校が、私のキャリアの出発点となった。

装丁の鈴木成一さん、集英社の長谷川浩さん、田島悠さん、吉田文美さん、ブラインドスポットのみなさんにこの場を借りて感謝を申し上げたい。

石井光太さんの解説には、業の深い仕事をする者として、先を行く人の後ろ姿を見た思いがする。『遺体─震災、津波の果てに』（新潮社）はずっと机上の棚に挿してあった。彼のような書き手が、同時代に生きていることの幸せを感じている。

集英社インターナショナルの田中伊織さんは、私がまだ何者でもなく、書き手であるという自覚すらなかったときから、拾って育ててくださった。実績のない書き手をここまで引き上げてくれる人を、私はほかに知らない。彼との出会いがなければ、その後の著作の存在もなかっただろう。

そして両親は、身をもって私に生きるとは何か、死ぬとは何かを教えてくれた。母が元気だったころ、生きながら自分の体を子に食わせる母蜘蛛が、テレビに出てきたことがある。それを見て、まだ若かった母が独り言のように「親ってありがたいわね」と、つぶやいたのを覚えている。死しても親は子に様々なことを教えてくれる。一〇年もの間、二四時間介護を休まず続けた父は、死にゆく母にこう言って別れを告げた。「面倒を見させてくれてありがとう。もっと、面倒を見たかったよ」

死が豊かに教えてくれたのは、生の限りない尊さと、人間存在の愛しさだった。

二〇一四年一〇月

本作は、エアハース・インターナショナル株式会社の個人情報保護に関する法令の順守と、国際霊柩送還事業者としての職業倫理を尊重した形で取材、執筆したものであり、特に遺族の取材には慎重を期した。そのため遺族などから希望があったものについては一部仮名にしている。また、エアハース・インターナショナル株式会社が、今後とも遺族の許可なく故人及び遺族の個人情報について第三者に提供しないことを、代わってここでお断りしておく。

参考資料

●『納棺夫日記』青木新門著／文藝春秋
●『ぼくが葬儀屋さんになった理由《わけ》』冨安徳久著／ホメオンス
●『永遠の別れ　悲しみを癒す智恵の書』
エリザベス・キューブラー・ロス、デーヴィッド・ケスラー著／上野圭一訳／日本教文社
●『最新　葬儀業界の動向とカラクリがよ～くわかる本』吉川美津子著／秀和システム
●『新しい葬送の技術　エンバーミング　遺体衛生保全』公益社葬祭研究所編著／現代書林
●『死とどう向き合うか』アルフォンス・デーケン著／NHK出版
●『お葬式の雑学　意外と知らない「死」のマナー』市川愛著／扶桑社
●『日本精神』ヴェンセスラウ・デ・モラエス著／岡村多希子訳／彩流社
●『日本人の魂　あの世を観る』梅原猛著／光文社
●『世の中への扉　戦争を取材する　子どもたちは何を体験したのか』山本美香著／講談社
●『人生は廻る輪のように』エリザベス・キューブラー・ロス著／上野圭一訳／角川書店
●『葬式は、要らない』島田裕巳著／幻冬舎

参考資料

●「二〇一〇年（平成二十二年）海外邦人援護統計」外務省
●「JALプライオリティ・ゲストサポート」日本航空株式会社
●「メルクマニュアル」十八版／MSD株式会社
●「平成二三年〈二〇一一〉人口動態統計の年間推計」厚生労働省
●「日本の将来推計人口〈平成二四年一月推計〉」国立社会保障・人口問題研究所
●「葬儀サービスの取引実態に関する調査報告書の概要」公正取引委員会
●「遺体搬送はボランティアか　規定運賃とほど遠い報酬」
物流ウィークリー／二〇一二年一月二十日／物流産業新聞社
●「SOGI」通信No.57／表現文化社
●「山本美香さん『戦争は遠い国の人ごとではない』」
日経ウーマンオンライン／二〇一二年八月二十三日／日経BP社

解　説

石井光太

海外旅行の経験者であれば、一度は異境《いきょう》の地で自分が死ぬことをイメージしたことがあるのではないだろうか。

飛行機が激しく揺れた時に墜落の二文字が脳裏を過ぎったり、地元民に襲われる恐怖を感じたり、タクシーの荒い運転で事故の不安を感じたり……。

実際、海外に暮らす邦人の死者数は年間で五三七人にも達するという。事故、自殺、事件、病気など様々な要因で命を落とし、亡骸《なきがら》となって空路で運ばれ、親元へ返されるのである。

では、それらの遺体は、誰が柩に納め、いかにして搬送されているのだろうか。

一歩間違えれば興味本位のものになりがちなテーマを、社会派ノンフィクションとして真っ向から描ききった感動作が本作である。

海外で亡くなった邦人を日本へ搬送するプロフェッショナル。彼らは「国際霊柩送還士」と呼ばれるそうだ。

この作品を描くにあたって、著者の佐々涼子が取材対象として選んだのが、業界のパイオニアであるエアハース・インターナショナル社だった。

同社は海外での登山事故や病気で亡くなった方々の搬送をするほか、エジプトの観光地ルクソールで起きた無差別発砲事件、イラク戦争の際の在イラク日本大使館員殺害事件、シリアでの日本人女性ジャーナリスト殺害事件、スマトラ島沖地震の津波といった事件や災害に巻き込まれた人々の遺体の搬送も取り扱っている。

読者の中にも、テレビのニュースでこうした犠牲者の遺体が空港に到着する映像を目にした人も多いだろう。その柩の傍《かたわ》らに喪服を着て寄り添っているのが、彼らなのだ。

国境を越えた遺体の搬送には実に細かな作業が必要とされるが、その代表的なものがエンバーミングと呼ばれる遺体の腐敗防止処置だ。血管の中に防腐剤を注射で流し込んで全身に行き渡らせた上で、体液が漏れないように穴を一つ一つふさぐなど細かな作業をしていかなければならない。

実は私もかつて日本から海外へ搬送される遺体の取材をしたことがあるのだが、日本のエンバーミング業者であっても技術格差が大きく、下手な業者が手がけると送り先の国に到着した時には遺体が完全に腐敗して柩の底に体液が溜まっていることがあるという話を聞いたことがある。

エンバーミングには、国が定めるライセンスや資格のようなものがないため、業者によって技術に大きな差が出てきてしまう。ましてやそれが発展途上国などのエンバーミング業者だと考えれば、起こりえるトラブルは想像を絶するものになるだろう。だからこそ、エアハース・インターナショナル社の社長・木村利恵は海外の業者を一つ一つ訪れて、信頼できるネットワークを築き上げたり、技術を教えたりしなければならない。むろん、自ら出向いてエンバーミングを施すこともある。海外からの遺体搬送業務とは計り知れない苦労があるのだ。

ただし、もし佐々がこうした国際霊柩送還士の仕事を表面的になぞっただけでは、人の心を動かす作品にはならなかったはずだ。本作の成功は、遺体や遺族に対する思いを浮かび上がらせている点にある。たとえば、社長の利恵が若い社員・慎太郎とともに、腐敗した遺体に処置を施す描写がある。

　体液を根気よくぬぐいはじめた。遺体の口に脱脂綿を入れて、たまっている体液を吸わせる。すると脱脂綿はぐっしょりと濡れた。それを引きずり出し、新しいものを入れる。気の遠くなる作業だった。その間も、体液は体中からじわじわと漏れ出ている。（中略）

二時間が過ぎた頃だろうか。利恵が慎太郎に声をかけた。

「ほら、お父さんのごきげんがよくなってきたよ」

「はい」

慎太郎は遺体の顔を見た。確かに、その人の顔が穏やかになったように感じた。

脱脂綿をピンセットで鼻の中へ入れ、取り出す。慎太郎は何度もそれを繰り返した。

やがて指先に感じていた水分の重みが消え、体液漏れはようやく止まった。

亡くなった人の苦しみが終わった。そう思える瞬間があった。ふたりは、ほっと息を吐く。利恵と慎太郎も救われたような気持ちになった。

「慎太郎。ほら。お父さんが、ありがとうって言ってるよ」

それを聞いた慎太郎の目が思わずうるむ。

「……はい」

〈ありがとう〉

確かに慎太郎の耳にもそう聞こえた。


遺体がしゃべるわけはないし、しゃべりかける必要もない。しかし、利恵たちは言葉を交わしながら遺体に向き合う。

なぜなのだろう。

遺族は異境の地で家族が死亡したことを認められないし、認めたくない。だから遺族には、その死を受け入れる儀式が必要なのだ。遺族が柩に納められた故人と対面し、頬《ほお》をさすって何度呼びかけても返答がないことを知り、やがてせめて天国へきちんと送り出してあげようという覚悟を決める。それが身内の死を受け入れるということなのである。

利恵は、遺族にとってそれがどれだけ大切なことなのか、そこで自分たちが何をしなければならないのかということを痛いほどわかっている。国際霊柩送還士の仕事とは、単に物としての遺体を運ぶことではなく、人間の亡骸に思いを吹き込むことによって「人間」として家族のもとに返すことなのだ、と。佐々が本作全編を通じて丹念に描いていくのは、まさにこの「思い」の部分なのである。

私はこれを読みながら、かつて東日本大震災で岩手県釜石《かまいし》市の遺体安置所を取材した時のことを思い出した。暗い体育館の片隅で、管理人をしていた老人は毎朝五時半に一人で訪れ、柩に入った遺体に一体一体声をかけつづけていた。彼は「これらは死体ではなく、ご遺体なんです」と言い、遺体の尊厳を守ることの必要性を説いていた。遺族がきちんと死を受け入れられるよう、遺体に語りかけ、思いを吹き込み、生前と変わらぬ姿にもどして返すという意味では、国際霊柩送還士の仕事は死における普遍的な作業だといえるのかもしれない。

佐々は本作を執筆するにあたって数々の遺体を目にし、精神状態を崩したという。単行本が出た際の私との対談で次のように語っている。

「毎回毎回、不思議な熱が出るんですよ。寝ていると誰かが足元の方に立っている感じがしてどうしようもなくなったりもしました。（中略）自分が壊れかけているのがわかるんですよ。（中略）人の死がここまで重いものだとは、取材を始めた当初は、正直言って思っていませんでした。そしてこれを書いたことによって、より重いものを背負ったような気がしているんです」（「青春と読書」二〇一二年十二月号）

ノンフィクションを書くというのは、故人や遺族の思いを背負い、それを活字としてつたえるということだ。取材テーマが重ければ重いほど、処理を誤れば押しつぶされてしまう危険を孕《はら》んでいる。佐々が「自分が壊れかけている」と言ったのは、その作業が自分の精神的な容量を超えてしまったためだろう。

ただし、私はそれこそがノンフィクションの仕事の本質だと思う。

本作の場合、死の現場に立つ人々は遺族にとって重要な存在でありながら、一方で彼らの記憶に残ってはならない存在でもある。遺族は家族の死を乗り越えて前に進もうとした時、遺体と直面した時のような悲しい記憶を隅に押しやり、楽しかった時の思い出だけに浸るようになる。それがその後の人生を生きるということなのだ。

遺族にとって国際霊柩送還士は、悲しい思い出に寄り添う人々である。だからこそ、彼らは丁寧な仕事に感謝しながらも、その記憶を消していこうとする。実際、エアハース・インターナショナル社に遺体の搬送をしてもらった遺族の中には、同社によって支えられたという記憶はあっても、利恵たちの顔や言葉の記憶がなくなっている者もいたという。

佐々はこれについて次のように言う。

「ああ、これでいいのだ」

そう、遺族にとってはこれでいいのだ。

だが、社会として国際霊柩送還士の存在が薄れていいわけではない。遺族には忘れ去られても、社会的にはきちんとその重要性が記録され、認知されるべきなのだ。特に今後グローバル化が進めばさらに重要な存在になることは間違いない。

ノンフィクションの役割とは、世の中に埋もれた人間にとって大切なことを掘り起こし、読者に提示することである。そういう意味では、佐々が精神を病みそうになりながらも、取材を貫き通し、最後まで描ききったことは、本テーマにおけるノンフィクション作家としての役割を見事に果たしたといえるのではないか。

ところで、本作は、第十回開高健ノンフィクション賞の受賞作である。この賞はノンフィクションの新人賞としては唯一と言っていいほど成功しているものだが、近年は紀行文や既存のジャーナリストの体験の中から書き起こされた作品が目立っていた。それは新人が自分とは関係のないジャンルにテーマを見出して、経費を負担して取材をするということが難しい以上、やむをえないことであり、そうしたノンフィクションのつくり方が主流になりつつあった。

しかし、佐々は国際霊柩送還士というテーマを見つけ、取材という不安定で地道な作業をやり抜いて作品を完成させた。そしてそれが新人賞を受賞し、大勢の読者を獲得したことは、近年のノンフィクションの潮流に「待った」をかけ、取材による作品の重要性を問い直すきっかけになったのではないか。

本当にノンフィクションの潮流を変えられるのか。それは、彼女が社会に埋没しているテーマを今後どれだけ多く掘り起こし、光を当てられるかにかかっている。

きっと彼女にとっては、一人で険しい山に登って穴を掘り、巨大な岩を背負って下山し、そして作品として磨き上げるようなものだろう。それは想像を絶する苦労にちがいない。

だが、壊れそうになりながらもこのテーマを描ききった彼女なら、かならずやり通すと私は信じている。少なくともそれを確信できるぐらいの力が、本作にはある。

（いしい・こうた　ノンフィクション作家）

第一〇回開高健ノンフィクション賞受賞作
この作品は二〇一二年一一月、集英社より刊行されました。
文庫化にあたり、大幅に加筆修正しました。

本文写真・塩崎亨
本文デザイン・鈴木成一デザイン室

開高健ノンフィクション賞受賞作

空白の五マイル

チベット、世界最大のツアンポー峡谷に挑む

角幡唯介

チベットの奥地、ツアンポー川流域に「空白の五マイル」と呼ばれる秘境があった。人跡未踏の峡谷に単独で挑んだ著者が目にしたものは⁉第八回開高健ノンフィクション賞受賞作。

集英社文庫

開高健ノンフィクション賞受賞作

日本を捨てた男たち

フィリピンに生きる「困窮邦人」

水谷竹秀

女を追いかけてフィリピンに渡り、無一文になった五人の「困窮邦人」。そのすさまじい生き様を通して、図らずも見えてくる現代日本の姿とは。第九回開高健ノンフィクション賞受賞作。

集英社文庫

集英社文庫

エンジェルフライト 国際霊柩送還士《こくさいれいきゅうそうかんし》

2014年11月25日 第1刷
2023年3月7日 第7刷

定価はカバーに表示してあります。

著者 佐々涼子《ささりょうこ》
発行者 樋口尚也
発行所 株式会社 集英社
東京都千代田区一ツ橋2-5-10 〒101-8050
電話 【編集部】03-3230-6095
【読者係】03-3230-6080
【販売部】03-3230-6393(書店専用)

本文組版 株式会社ビーワークス
印刷 図書印刷株式会社
製本 図書印刷株式会社

フォーマットデザイン アリヤマデザインストア
マークデザイン 居山浩二

ISBN978-4-08-745252-5 C0195